Printed by Libri Plureos GmbH in Hamburg, Germany

Markus Furrer

Psychologie des persönlichen Ausdrucks

Lebensformen

herausgegeben von
Ulrich Beer (†) und Roswitha Stemmer-Beer

Band 66

Markus Furrer

Psychologie des persönlichen Ausdrucks

Ich bin, wie ich mich bewege,
mich pflege, mich kleide

CENTAURUS VERLAG & MEDIA UG

Bibliografische Informationen der Deutschen Nationalbibliothek

Die Deutsche Nationalbibliothek verzeichnet diese Publikation in der Deutschen Nationalbibliografie; detaillierte bibliografische Daten sind im Internet über http://dnb.d-nb.de abrufbar.

Gedruckt auf säurefreiem und chlorfrei gebleichtem Papier.

ISBN 978-3-86226-232-8   ISBN 978-3-86226-987-7 (eBook)
DOI 10.1007/978-3-86226-987-7
ISSN 1612-2739

© CENTAURUS Verlag & Media KG, Freiburg 2013
www.centaurus-verlag.de

Umschlaggestaltung: Jasmin Morgenthaler, Visuelle Kommunikation
Umschlagabbildung: Jean Frédéric Bazille, Portrait Auguste Renoir, 1867.
                          Fotografie von Markus Furrer
Satz: Vorlage des Autors

Inhaltsverzeichnis

Wie ich zum Thema komme

In der Psychologie gibt es einen beachtlichen Unterschied zwischen unseren täglichen menschlichen Erfahrungen und der Möglichkeit, diese wissenschaftlich zu bestätigen. So zweifeln wir kaum daran, dass uns ein stabiles Selbstvertrauen in der Regel gelassener und belastbarer macht als Unsicherheit, oder dass Perfektionismus und hoher Selbstanspruch oftmals einhergehen mit inneren Ängsten und der Schwierigkeit, loszulassen. Diese Zusammenhänge mit experimentellen Methoden zu belegen, ist möglich, aber anspruchsvoll und aufwendig.

Als Psychologe und Grafologe bewege ich mich seit vielen Jahren im Spannungsfeld zwischen meiner Praxistätigkeit und deren wissenschaftlicher Legitimation. Auf der einen Seite möchte ich auf bewiesenes Wissen abstützen, auf der anderen Seite greife ich zurück auf mässig bestätigte Theorien, weil ich glaube, dass sie mir helfen, menschliches Verhalten zu beschreiben, zu verstehen und mit Vorsicht zu prognostizieren. In meiner diagnostischen Tätigkeit, das heisst konkret bei Eignungs-Assessments, Potenzialbeurteilungen und Laufbahnberatungen, sind mir beispielsweise die mässig wissenschaftlich erhärteten Modelle der Persönlichkeitspsychologie hilfreich, sowohl verhaltenspsychologische als auch tiefen- und gestaltpsychologische. Das individualpsychologische Modell von Alfred Adler habe ich für meine Arbeit stets als sehr wertvoll empfunden.

Im vorliegenden Buch wende ich mich einem Thema zu, das mich fasziniert. Es geht um Aspekte der Ausdruckspsychologie, nämlich um die Frage, was uns Menschen mitteilen, wenn sie sich bewegen, und wie sie mit dem „Träger" ihrer Bewegungen, ihrem Körper und dessen Bekleidung, eingeschlossen die Accessoires, umgehen. Nachdem ich mich als berufsorientierter Psychologe seit vielen Jahren vor allem dem zuwende, was mir Menschen inhaltlich mitteilen und dem, was sie in ihrem Leben taten, heute tun oder künftig tun sollen, stelle ich nun das „Wie" des individuellen Ausdrucks ins Zentrum der Beobachtung. Selbstverständlich war dieses „Wie" für mich auch bis anhin ein wertvoller Aspekt der psychologischen Wahrnehmung, doch geschah dies vorwiegend intuitiv. Mein Bedürfnis nach systematischer Analyse wuchs und führte zu diesem Buch.

Die Absicht, meine Fragestellung primär aus meinem Erfahrungshorizont heraus anzugehen, lässt mich den Weg der Vorsicht gehen, kritisch vor

Augen haltend, dass ich mich im Bereich von Annahmen und Hypothesen bewege, dennoch aber überzeugt, interessante Zusammenhänge aufzeigen zu können. Wie interessant sie sind, überlasse ich gerne meinen Leserinnen und Lesern.

Markus Furrer

1
Persönlicher Stil in der Handschrift – Persönlicher Stil in der Bewegung und in der Beziehung zu Körper und Bekleidung

Ausdruckspsychologie und nonverbale Kommunikation sind mir in einem Teilbereich des menschlichen Verhaltens sehr vertraut. Schon lange beschäftige ich mich mit Handschriften, einer spezifischen Form des persönlichen Ausdrucks. Die Art, wie Menschen schreiben, ist individuell, was auch auf andere Ausdrucksweisen wie die Gangart, die Gestik, die Mimik und die Sprechweise zutrifft. In der Handschriftenanalyse habe ich in Ausbildung und Praxis erfahren, dass insbesondere zwei Merkmale von Bedeutung sind, einerseits die Bewegung, welche die schreibende Person ausführt und welche auf dem Blatt Papier eine Spur hinterlässt, anderseits die Form der Buchstaben und deren Verbindungen, die wir in der Schule eingeübt haben und in der Regel vom Jugendalter an individuell zu gestalten beginnen. Kurz formuliert legen wir in die Buchstaben gewollt oder unbemerkt eine persönliche Bewegungsspur und eine persönliche Form. Die grafologische Theorie gibt dieser Bewegungsspur und Formgestaltung viel Gewicht. Einer ihrer namhaften Vertreter, H. Knobloch (1987), definiert „Antriebs- und Formgestalten". Die Antriebsgestalten, die in die Bewegung der Hand einfliessen, umschreibt er mit Begriffen wie Lebendigkeit, Vitalität, Drang, Funktionslust, Affekt, und er ordnet ihnen Gruppen von Schriftmerkmalen zu. Diese vergleicht er, im Sinne von Modellfällen, mit der Persönlichkeit und der Biografie der Schreibenden, und er findet wiederkehrende Zusammenhänge. Dasselbe macht H. Knobloch mit den Formgestalten, die er mit Begriffen wie Untersteuerung und Übersteuerung, betonte und unbetonte Präsentation sowie Repräsentation, Identität und Manier charakterisiert. Auch hier beschreibt Knobloch vielfältige Übereinstimmungen mit der Persönlichkeit und Biografie der Schreibenden. Diese Zusammenhänge zwischen Bewegung und Form in der Handschrift einerseits sowie der Persönlichkeit der Schreibenden anderseits sind geübten Grafologinnen und Grafologen bestens vertraut. Leider konnten sie bis heute nur ungenügend mit statistisch signifikanten Korrelationen verifiziert werden, was viele Gründe hat und einen beachtlichen Forschungsaufwand bedingt. Im Wissen um diese Schwierigkeit hat H. Knobloch seine grafologische Deutungsmethode „Kennerschaft" genannt. Er meint damit, dass sich die Zusammenhänge dem erschliessen, der sich mit ihnen intensiv und sehr lange auseinandersetzt. Er vergleicht die grafologische Kennerschaft unter anderem mit jener von Kunstexperten, die ebenfalls durch intensiv hörende oder schauende Erfahrung die Vernetzungen zwischen Künstler und Werk zu verstehen lernen. Seine Definition der Kennerschaft findet heute prominente Unterstützung beispielsweise durch die Aussagen von W. Tschacher (2010), einem namhaften klinischen Psychologen, der im Zusammenhang mit der Theorie des „Embodiment" schreibt: „Wahre Experten haben ihr Wissen sprichwörtlich *verkörpert:* Experten „fühlen", wenn sie richtig liegen, und „sehen" einen guten Lösungsweg."

Was sagt die grafologische Theorie über die Verbindung zwischen Bewegung beziehungsweise Form in der Handschrift und der Persönlichkeit der Schreibenden. Zweifellos vereinfachend formuliert sie folgende zwei globalen Deutungshypothesen:

1. In die automatisierte Handschrift fliesst das individuelle Bewegungsmuster der schreibenden Person ein. Dieses ist geprägt vom Zusammenwirken körperlicher, psychischer und mentaler Kräfte. Es korreliert mit Eigenschaften der Persönlichkeit, die folgende Aspekte betreffen: *erstens* den vitalen Antrieb (Triebimpulse, Temperament, Emotionalität), *zweitens* dessen bewusste oder unbewusste Steuerung (durch das Denken, den Verstand, den Willen, ethische Normen, das Gewissen) und *drittens* das Spannungsverhältnis, in dem Antrieb und Steuerung zueinander stehen. Dieses Spannungsverhältnis wiederum manifestiert sich individuell verschieden in Persönlichkeitseigenschaften wie Lockerheit, Elastizität, Spannkraft, Spannungslosigkeit, Überspannung, Verkrampfung.

2. Die im Schreibunterricht an der Primarschule nach Vorlage eingeübten und automatisierten Schriftformen, das heisst die Buchstaben und ihre Verbindungen, werden von Schreibenden vor allem ab dem Jugendalter in unendlichen individuellen Variationen gestaltet, bewusst gelenkt oder unbewusst entstehend. Diese Formvariationen korrelieren mit Persönlichkeitsaspekten, welche das weite Verhaltensspektrum zwischen den Polen der Normenorientierung und Kon-

ventionalität auf der einen Seite und der individuellen Eigenprägung, Autonomie und Identität auf der anderen betreffen.

Die erste grafologische Deutungshypothese entspricht relativ banalen Erkenntnissen über unsere Energien und wie wir mit ihnen umgehen. Es ist evident, dass wir uns, bedingt durch die Erbanlagen und die Prägungen des Lebens, bezüglich Antriebsstärke und Temperament beachtlich unterscheiden. Auch steuern wir diese Kräfte individuell sehr verschieden. Wir wissen, dass es viele Menschen gibt, die ihr Temperament ausgewogen zum Ausdruck bringen, dass es andere gibt, die ihre Emotionen wenig steuern, und solche, die sie allzu sehr kontrollieren, was sie hemmt oder verspannt erscheinen lässt. Diese Alltagserfahrungen finden ihre Parallele auch in jenen tiefenpsychologischen Persönlichkeitstheorien, in denen das individuelle Verhalten im Spannungsverhältnis zwischen Körper, Seele und Geist beziehungsweise zwischen Trieb, Antrieb, Emotion und deren kognitiver, willentlicher oder ethisch-moralischer Steuerung gedeutet wird. Die diesbezüglichen Erkenntnisse, welche die geisteswissenschaftliche Persönlichkeitspsychologie nur ungenügend wissenschaftlich beweisen konnte, erhalten heute mindestens ansatzweise anerkennende Bestätigung durch die Hirnforschung. In der Einführung zum Buch *„Embodiment, Die Wechselbeziehung von Körper und Psyche verstehen und nutzen"* (M. Storch, B. Cantieni, G. Hüther, W. Tschacher, 2010) finden wir zum Beispiel folgende Sätze:

„Die Hirnforschung erweist sich in jüngster Zeit als segensreich für die Psychologie, weil sie die tiefenpsychologischen Ansätze mit der Vorstellung von wirksamen Antriebskräften hoffähig macht für die universitäre Welt. Was jedoch nach wie vor in der akademischen Psychologie weitgehend als terra incognita gehandelt wird, ist der Körper und seine Rolle als Mitgestalter von psychischen Prozessen."

Noch konkreter sind folgende Aussagen von W. Tschacher (2010), Mitautor von Embodiment:

„Gefühl und Kognition hängen eng mit dem Körper und Körperausdruck zusammen. Theoretiker und Forscher stellten sich immer wieder die Frage, wie dieser Zusammenhang beschaffen ist. Den meisten Lesern wird die folgende Position sehr einleuchtend erscheinen: Gefühle, Emotionen und geistige Verfassung bestimmen den Körperausdruck. Schon die Sprache legt das nahe: Körper*ausdruck*. „Der Körper ist Spiegel der Seele." – dies entspricht sicher am direktesten der Alltagspsychologie, das heisst der Auffassung, die mit unserer tagtäglichen Selbstbeobachtung sehr weitgehend übereinstimmt. Die Grundidee ist dabei: man denkt, verarbeitet Informationen, will etwas, hat Gefühle und Pläne; dies alles wird anschliessend in körperliches Verhalten, in Mimik, Kommunikation, umgesetzt, womit wir dann auf unsere Welt Einfluss ausüben."

Sehr interessant sind Aussagen von H. Hüther, einem Neurobiologen und Mitautor von *Embodiment*:

„Wir müssen versuchen, die verloren gegangene Einheit von Denken, Fühlen und Handeln, von Rationalität und Emotionalität, von Geist, Seele und Körper wiederzufinden." .... „So stabilisiert sich allmählich eine andere, mit der praktischen Lebenserfahrung und dem gesunden Menschenverstand besser zu vereinbarende Vorstellung, und die heisst: Körper und Geist, Denken und Fühlen sind untrennbar miteinander verbunden."

„Die Wahrnehmung und das Empfinden und das Denken und Fühlen und die Stimmungen und die Körperhaltung und all das, was im Körper passiert, sind auch viel enger miteinander verbunden und aneinander gekoppelt, als bisher gedacht."

Diese Aussagen bestätigen keineswegs die Komplexität der ersten grafologischen Grundhypothese, weisen aber darauf hin, dass Zusammenhänge zwischen Körper, Bewegung, Antrieb, Temperament, Emotionen, Kontrolle, Steuerung, Denken und Wollen, kurz zwischen Körper, Psyche und Kognition in der experimentellen Hinforschung zunehmend thematisiert und verifiziert werden.

Die zweite grafologische Deutungshypothese spiegelt ebenfalls unumstrittene Alltagserfahrungen. Menschen bewegen sich in ihrer Persönlichkeit und ihrem Verhalten zwischen der Anpassung an Normen, Vorgaben, Konventionen, Traditionen einerseits und einer individuellen, eigenständigen bis eigenwilligen Linie anderseits. In der Psychologie gibt es viele Theorien über die Entwicklung der Persönlichkeit in den verschiedenen Phasen von der Kindheit bis zum Erwachsenenalter. Zentral sind dabei all jene Prozesse und Einflüsse, welche uns Menschen in sehr unterschiedlichem Masse über den Sozialisierungsprozess zur individuellen Identität heranreifen lassen. Berühmt ist das Stufenmodell der psychosozialen Entwicklung von E. Erikson, dargestellt in *Identität und Lebenszyklus* (1973). Diese und viele andere Theorien beschreiben mit unterschiedlicher Optik und Methode das Wachsen der Persönlichkeit im Spannungsfeld zwischen Umfeldprägung und individueller Selbstgestaltung beziehungsweise all jener Faktoren, die diese Vorgänge fördern oder hemmen.

In meiner langjährigen Tätigkeit als diagnostizierender Psychologe und Grafologe hatte und habe ich die Möglichkeit, viele Persönlichkeiten zu erleben, in der Art, wie sie sich geben, sich bewegen und sich ausdrücken. Ich kann meine Wahrnehmungen vergleichen mit ihrem Lebensweg, mit ihren Leistungen, ihren Ambitionen, ihrer Motivation sowie den Begabungen, die sie mitbringen und entwickelt haben. Der Vergleich mit den Handschriften dieser Menschen führte mich zur Überzeugung, dass die beschriebenen beiden grafologischen Hypothesen im Grundsatz zutreffen. Die Faszination über die Zusammenhänge zwischen Handschrift und Persönlichkeit hat mich denn auch bewogen, den beiden Aspekten Bewegung und Form nicht nur in der Handschrift nachzugehen, sondern sie generell am Menschen in seiner Bewegung und in seiner Form zu beobachten. Dabei übertrage ich den Aspekt „Bewegung" auf das gesamte individuelle Bewegungsmuster und den Aspekt „Form" einerseits auf den individuellen Körper, der die Bewegung ja „trägt" sowie anderseits auf die individuelle Bekleidung und zusätzliche Accessoires, welche den Körper in der Regel bedecken, schützen, verzieren. Analog zur Grafologie gehe ich der Frage nach, in welchem Zusammenhang das Bewegungsmuster eines Individuums sowie die Art, wie es die Beziehung zu seiner Körper-Form und Bekleidungs-Form gestaltet, zu seiner Persönlichkeit steht. Die theoretischen Überlegungen dazu bilden den Inhalt des zweiten bis vierten Kapitels. Im fünften ergänze ich die Theorie mit einer Anleitung zur Selbsteinschätzung und verstehe diese Anleitung als eine auf vernünftigen Hypothesen beruhende Methode zur Selbstreflektion. Im sechsten Kapitel konkretisiert die Selbsteinschätzung einer 36-jährigen Frau die vorgeschlagene Methode. Das siebte Kapitel beinhaltet Gemälde bekannter Künstler, welche die theoretischen Aussagen zu Bewegung, Körper und Bekleidung illustrieren. Der Anhang umfasst nebst dem Literaturverzeichnis und den Bildnachweisen die Kurzform zur Selbsteinschätzung von Bewegungsmuster, Körper- und Kleiderbeziehung.

2
Ausdruck der individuellen Persönlichkeit: Bewegungsmuster, Körper- und Kleiderbeziehung

Wie eben beschrieben möchte ich der Frage nachgehen, welche Zusammenhänge bestehen zwischen unserer Persönlichkeit und der Art, wie wir uns bewegen und wie wir die Beziehung zu unserem Körper und unserer Bekleidung, eingeschlossen die Accessoires, gestalten. Diese Untersuchung verlangt zunächst nähere begriffliche Klärungen. Ich definiere die Begriffe *Bewegungsmuster, Körperbeziehung* und *Kleiderbeziehung*. Die *Bewegungsmuster* unterteile ich in Untergruppen und ordne diesen jeweils fünf Eindrucksmerkmale zu, dargestellt auf den Seiten 16 bis 18. Die *Körperbeziehung* und die *Kleiderbeziehung* definiere ich ebenfalls in Untergruppen und mit je fünf Eindrucksmerkmalen, dargestellt auf den Seiten 18 bis 21.

Definition der Begriffe

Die wesentlichen Merkmale, welche die Bewegungen eines Individuums charakterisieren, fasse ich mit dem Begriff *Bewegungsmuster* zusammen und meine mit Muster im gestaltpsychologischen Sinne eine Ganzheit oder eben eine Gestalt, die sich dadurch definiert, dass Einzelelemente durch eine innere Struktur zusammen ein Ganzes bilden, welches mehr oder besser gesagt etwas anderes ist als die aufaddierte Summe der einzelnen Teile und in welchem die Einzelteile erst durch ihre Vernetzung mit dem Ganzen ihre spezifische Bedeutung erhalten. So beschreiben wir das Bewegungsmuster eines Menschen beispielsweise als ruhig, oder als nervös, oder als lebendig. Diese Muster bilden und festigen sich im Leben jedes Individuums auf der Basis genetischer Anlagen und geprägt durch verschiedenste Einflüsse, Erfahrungen und Lernprozesse. Der bereits zitierte Neurobiologe G. Hüther (2010) schreibt beispielsweise über negative Prägungen, die Individuen in eine „Schiefheit" bringen können: „Und so eng miteinander verknüpft ist eben leider auch all das, was unsere eigene Schiefheit ausmacht, was wir uns im Laufe unserer Kindheit an falschen Vorstellungen, fragwürdigen Überzeugungen, übernommenen Haltungen und unterdrückten Gefühlen angeeignet haben. Je länger wir so etwas mit uns herumgeschleppt haben, desto fester ist es in unserem Hirn verankert und eingebunden. So hinderlich und maladaptiv ein derartiges, einmal entstandenes Denk-, Gefühls- oder Verhaltensmuster auch inzwischen geworden sein mag, es ist normalerweise nur schwer wieder aufzulösen."

So wie in der Handschrift die Bewegung auf dem Blatt Papier in die Form der Buchstaben und deren Verbindungen einfliesst, so findet das Bewegungsmuster des Menschen seine Form im Körper und in dem, was diesen in der Regel umgibt, nämlich in den Kleidern und in Accessoires, mit denen wir unsere Bekleidung oft zu ergänzen pflegen. Beim Körper achten wir nicht auf die physisch-genetischen Anlagen, sondern darauf, wie Menschen mit ihrem Körper und all seinen Anlagen umgehen und ihn „formen". Diese Formung hängt im Wesentlichen davon ab, welche Beziehung ein Individuum zu seinem Körper hat. Für diese Beziehung definiere ich den Begriff *Körperbeziehung*. Analog dazu stehen bei der Bekleidung nicht konkrete modische Inhalte oder Stile im Fokus unserer Definition, sondern ebenfalls die Frage, wie das Individuum seine Bekleidung „formt", was davon abhängt, welche Beziehung es zu seinen Kleidern und zu Accessoires hat. Dafür wähle ich den Begriff *Kleiderbeziehung*. Wir fassen zusammen:

- Der Begriff *Bewegungsmuster* ist definiert als eine Gestalt, die wie ein roter Faden die Bewegungen eines Individuums prägt, wobei wir davon ausgehen, dass dieses Muster eine innere Struktur und Ordnung hat, welche in der Persönlichkeit verankert ist.

- Der Begriff *Körperbeziehung* ist definiert als die Art der Beziehung des Individuums zu seinem Körper und des Umgangs mit ihm.

- Der Begriff *Kleiderbeziehung* ist definiert als die Art der Beziehung des Individuums zu seiner Bekleidung, in die auch die Accessoires eingeschlossen sind.

Wir wollen präzisieren, dass wir beim individuellen *Bewegungsmuster* nicht einzelne Verhaltensweisen in ihrem *Was*, das heisst ihn ihrer konkreten Handlung (was tut die Person) oder in ihrem Zweck und Ziel (warum tut sie es) beachten, sondern das *Wie* der Bewegungen, welche in diese Verhaltensweisen einfliessen. Dabei nehmen wir gemäss unserer Definition an, dass dieses *Wie* von einem individuellen Muster geprägt ist, welches in jeder Persönlichkeit verankert ist. Im Sinne einer Kategorisierung schlage ich vor, die unzählbaren, weil individuell geprägten *Bewegungsmuster* in nachfolgende Gruppen zu unterteilen und ihnen jeweils fünf charakteristische Eindrucksmerkmale zuzuordnen. Weil berühmte Maler solche Bewegungsmuster ohne Worte treffend darstellen, veranschauliche ich die einzelnen Bewegungsmuster mit Gemälden, zu finden im Kapitel 7 ab Seite 83.

Bewegungsmuster

Das *lebendige Bewegungsmuster*. Wir nehmen es wahr als:

lebendig – spontan – temperamentvoll – rasch – unruhig

Beispiel: Das Rock`n Roll Tanzpaar in seinen lebendigen, raschen Bewegungen

Bild 1 (Seite 83): Caravaggio, Die Berufung des heiligen Matthäus, 1600
In diesem Bild stellt Caravaggio dar, wie Christus, zusammen mit Petrus, rechts im Bild, den Söldner Levi zum Apostel beruft. Der Bewegungsausdruck der Figuren ist lebendig.

Das *unlebendige Bewegungsmuster*. Wir nehmen es wahr als:

wenig lebendig – wenig spontan – kontrolliert – ruhig – langsam

Beispiel: Die ruhigen, meditativen Bewegungen im Tai Chi, der alten chinesischen Bewegungskunst

Bild 2 (Seite 84): Georges Seurat, Ein Sonntagnachmittag auf der Insel La Grande Jatte, 1884-1886
Das in der Technik des Divisionismus oder Pointillismus gemalte Bild stellt mehrheitlich unbewegte, statische, im Ausdruck kontrollierte Personen dar, in der Ruhe des Sonntagnachmittags. Die Vielfalt der Interpretationen dieses Bildes ist gross. Der Philosoph Ernst Bloch sah darin „nur Sonntagselend" und „Landschaft des gemalten Selbstmordes" (E. Bloch, Das Prinzip Hoffnung, zitiert nach R.M. und R. Hagen (2005)

Das *gelöste Bewegungsmuster*. Wir nehmen es wahr als:

gelöst – locker – leicht – schwebend – fliessend

Beispiel: Die Athletinnen der rhythmischen Sportgymnastik mit ihren leicht wirkenden, fliessenden Bewegungen

Bild 3 (Seite 85): Pierre Maximilien Delafontaine, Portrait von Bertrand Andrieu, 1798.
Das Bild, welches auch „Der Schlittschuhläufer" genannt wird, verkörpert eine gelöste, locker, leicht anmutende Bewegung.

Das *gespannte Bewegungsmuster*. Wir nehmen es wahr als:

gespannt – schwungvoll – elastisch – kraftvoll – intensiv

Beispiel: Die professionellen Tennisspielerinnen und Tennisspieler in ihren schwungvollen, gespannten, intensiven Bewegungen

Bild 4 (Seite 86): Ferdinand Hodler, Der Holzfäller, 1910
Eindrücklich stellt Hodler die gespannte, kraftvolle, intensive Bewegung des Holzfällers dar.

Das *überspannte Bewegungsmuster*. Wir nehmen es wahr als:

überspannt – angespannt – verspannt – verkrampft – blockiert

Beispiel: Soldaten mit ihren überspannt und steif wirkenden Stechschritten bei einer Militärparade

Bild 5 (Seite 87): Caravaggio, Judith und Holofernes, 1898/99
Das dramatische Bild, in dem die jüdische Witwe Judith den assyrischen Feldherren Holofernes enthauptet, weil er ihr Volk bedroht, zeigt alle Personen in stark angespannter Bewegung.

Das *unterspannte Bewegungsmuster*. Wir nehmen es wahr als:

unterspannt – spannungsarm – gehemmt – schlaff – kraftlos

Beispiel: Einige Fussballspieler, wenn sie nach einem intensiv geführten
            und verlorenen Spiel enttäuscht und kraftlos vom Felde gehen

Bild 6 (Seite 88): Giovanni Segantini, Frühmesse, 1884
Mässige Spannung liegt in der Bewegung des wohl älteren Pfarrherrn, der
früh am Morgen die Treppe zur Kirche hinauf geht.

Körperbeziehung

Für die *Körperbeziehung*, das heisst für die Art, wie Individuen die Beziehung zu ihrem Körper gestalten und mit ihm umgehen, schlage ich folgende
Gruppen und sie kennzeichnende Eindrucksmerkmale vor, ebenfalls ergänzt mit dem Hinweis auf berühmte Gemälde:

Die *natürliche Körperbeziehung.* Wir nehmen sie wahr als:

natürlich – ehrlich – echt – authentisch – unverstellt

Beispiel: Kinder, die eine noch völlig natürliche, unverstellte Beziehung zu
            ihrem Körper haben

Bild 7 (Seite 89): Albert Anker, Mädchen, die Haare flechtend, 1887
Das Mädchen steht in einer sehr natürlichen Beziehung zu seinem Körper.
Es ist ein Bild der Natürlichkeit und Echtheit, ohne bewusste Pose, ohne
jegliche Form der Künstlichkeit.

Die *darstellende Körperbeziehung.* Wir nehmen sie wahr als:

dargestellt – künstlich – aufgesetzt – unecht – maniriert

Beispiel: Die Bodybuilderinnen und Bodybuilder sowie all jene, die ihre
            Körper mit Tattoos verzieren oder ihn mittels Operationen zur
            gewünschten Darstellung bringen.

Bild 8 (Seite 90): Georges Seurat, Junge Frau mit Puderquaste vor dem Spiegel, 1889/90

Die junge Frau bringt ihren Körper mit einem entsprechenden Kleid augenscheinlich zur Darstellung, und sie ist im Begriff, sich mit Puder eine zusätzliche ästhetische Note zu geben.

Die *kontrollierte Körperbeziehung*. Wir nehmen sie wahr als:

kontrolliert – beachtet – besorgt – geschont – gepflegt

Beispiel: Alle sehr Körperbewussten, die auf ihren Körper achten, ihn pflegen, sich gesund ernähren, keine Fettpolster zulassen, regelmäßig Sport treiben

Bild 9 (Seite 91): Auguste Renoir: Mädchen beim Kämmen, 1894

Die junge Frau achtet auf ihren Körper beziehungsweise speziell auf einen Teil ihres Körpers, die Haare. Sie pflegt sie mit Sorgfalt.

Die *unkontrollierte Körperbeziehung*. Wir nehmen sie wahr als:

unkontrolliert – unbeachtet – sorglos – vernachlässigt – ungepflegt

Beispiel: All jene Menschen, die ihren Körper vernachlässigen, sich nicht pflegen, sich im Suchtverhalten nicht mehr kontrollieren können

Bild 10 (Seite 92): Albert Anker, Der Trinker, 1868

Die Kontrolle über den Körper, seine Beachtung und Pflege (eingeschlossen die Bekleidung), haben erheblich nachgelassen, wohl aus verschiedenen Gründen, nicht nur infolge des Alkoholkonsums.

Kleiderbeziehung

Für die *Kleiderbeziehung*, das heisst für die Art, wie Individuen die Beziehung zu ihrer Bekleidung und zu Accessoires gestalten, definiere ich folgende Gruppen und Eindrucksmerkmale, illustriert mit Gemälden:

Die *funktionale Kleiderbeziehung*. Wir nehmen sie wahr als:

funktional – zweckmässig – einfach – praktisch – unbeachtet

Beispiel: Handwerker, die ihre Kleider vorwiegend auf das Praktische
und Zweckmässige ausrichten

Bild 11 (Seite 93): Albert Anker, Lesendes Mädchen, 1884
Die Bekleidung der jungen Frau ist einfach, praktisch und zweckmässig.

Die *darstellende Kleiderbeziehung*. Wir nehmen sie wahr als:

dargestellt – ästhetisiert – künstlich – vorgezeigt – aufgesetzt

Beispiel: Die Mannequins, die gerne ihre Kleider zur Darstellung bringen

Bild 12 (Seite 94): Auguste Renoir, Gabrielle mit der Rose, 1911
Gabrielle beschäftigt sich mit der Rose, die sie als Schmuck benutzt. Sie ist
als Accessoire ein Teil ihrer Bekleidung. Sie möchte den Schmuck zeigen,
zur Darstellung bringen.

Die *einheitliche Kleiderbeziehung*. Wir nehmen sie wahr als:

einheitlich – klar im Stil – linientreu – fassbar – eindeutig

Beispiel: All jene, die man stets im gleichen Modestil sieht

Bild 11 (Seite 93): Albert Anker: Lesendes Mädchen, 1884
Das bereits erwähnte Bild steht nicht nur für die einfache, zweckmässige
Kleidung, sondern auch für deren Einheitlichkeit und Eindeutigkeit.

Die *uneinheitliche Kleiderbeziehung*. Wir nehmen sie wahr als:

uneinheitlich – unklar im Stil – wechselhaft – nicht fassbar – vieldeutig

Beispiel: Die Unmodischen, die sich kleiden, wie es gerade kommt, so
dass nichts so richtig zusammen passen will

Bild 13 (Seite 95): Gustav Klimt, Judith II, 1909
Die Bekleidung der dargestellten Frau wirkt vieldeutig, wechselhaft und uneinheitlich in den verschiedenen Formelementen auf ihren Kleidern.

Die *normgeprägte Kleiderbeziehung*. Wir nehmen sie wahr als:

normgeprägt – angepasst – unpersönlich – konventionell – traditionell

Beispiel: Business-Männer mit ihren uniformen Grau-Blau-Anzügen

Bild 14 (Seite 96): Gustave Caillebotte, Pariserstrasse im Regenwetter,
1877
Winternachmittag an einer Pariser Strassenkreuzung. Die durch den Archi-
tekten Haussmann geprägte moderne Stadt im Hintergrund, das Paar im
Vordergrund, ebenfalls modern gekleidet, angepasst an die damalige Norm
des gehobenen Bürgertums, wobei die genormte Modernität der Kleider
verbunden ist mit wenig Einblick in die individuellen Persönlichkeiten des
Paares.

Die *eigengeprägte Kleiderbeziehung*. Wir nehmen sie wahr als:

eigengeprägt – individuell – persönlich – unkonventionell – kreativ

Beispiel: Viele Künstlerinnen und Künstler mit ihrem unverwechselbaren
            Kleiderstil

Bild 15 (Seite 97): Eduard Manet, Lola de Valence, 1862
Die Dame präsentiert sich in einem sehr farb- und formbetonten, kreativ
anmutenden, wohl auch ihre individuelle Persönlichkeit andeutenden Kleid.

3
Psychologische Interpretation: Bewegungsmuster Körperbeziehung, Kleiderbeziehung

Der nächste Schritt besteht darin, sowohl den Bewegungsmustern als auch den Körper- und Kleiderbeziehungen psychologische Interpretationen zuzuordnen. Ausgehend von den im ersten Kapitel erwähnten grafologischen Hypothesen definiere ich zunächst drei Grundannahmen. Aus diesen leite ich psychologische Interpretationen ab, für die einzelnen Bewegungsmuster ab Seite 23, für jene der Körper- und der Kleiderbeziehungen ab Seite 32 und 35.

Grundannahmen

Analog zu den auf den Seiten 10 und 11 dargestellten Deutungshypothesen zu Bewegung und Form in der Handschrift können wir für die individuellen Bewegungsmuster sowie für die Körper- und die Kleiderbeziehungen folgende generellen psychologischen Annahmen formulieren:

1. Annahme
In das individuelle Bewegungsmuster fliesst die persönliche Energie ein, wobei dieser Energiefluss geprägt ist durch das Zusammenwirken physischer, psychischer und mentaler Kräfte. Das individuelle Bewegungsmuster betrifft in seiner psychologischen Interpretation folgende Eigenschaften der Persönlichkeit:

- *erstens* den physischen und psychischen Antrieb, das heisst die körperlichen Energien, die Triebimpulse, das Temperament, die Emotionen und Affekte

- *zweitens* deren kognitive, willentliche, bewusste oder auch unbewusste Steuerung durch das Denken, den Verstand, den Willen, ethische Normen, die Moral und das Gewissen

- *drittens* das Spannungsverhältnis, in dem Antrieb und Steuerung zueinander stehen. Es manifestiert sich je nach Ausprägung in Persönlichkeitseigenschaften wie: Lockerheit, Elastizität, Anspannung, Spannungslosigkeit, Verspannung, Verkrampfung, Blockade

2. Annahme

Die individuelle Körperbeziehung kann psychologisch betrachtet interpretiert werden als Ausdruck von Eigenschaften der Persönlichkeit, welche die Beziehung des Individuums zu seinem Körper betreffen. Zentral sind dabei Aspekte wie: Körperbewusstsein, Körperzufriedenheit, Umgang mit der Gesundheit, Selbstkontrolle und Selbstdisziplin, körperliche Leit- und Wunschbilder, Körperästhetik, Selbstsicherheit.

3. Annahme

Die individuelle Kleiderbeziehung kann psychologisch als Ausdruck von Eigenschaften der Persönlichkeit gedeutet werden, welche die Beziehung zur Bekleidung und die sie ergänzenden Accessoires betreffen. Die psychologische Interpretation umfasst Aspekte wie: Beziehung zur Kleiderästhetik, Modebewusstsein, Leit- und Wunschbilder, Selbstdarstellung, Normenorientierung, Kreativität, persönlicher Stil, persönliche Identität, Selbstsicherheit, Authentizität.

Ausgehend von diesen drei Grundannahmen, die in wissenschaftlicher Sicht den Charakter nachvollziehbarer Hypothesen haben, ergeben sich für unsere bereits definierten Gruppen von Bewegungsmustern und Körper- sowie Kleiderbeziehungen die nachfolgenden psychologischen Interpretationshinweise.

Was sagen die Bewegungsmuster?

„Lebendig"

Das lebendige Muster (Eindrucksmerkmale: lebendig – spontan – temperamentvoll – rasch – unruhig) weist, gemäss unserer ersten Grundannahme, hin auf einen lebendigen Ausdruck physischer, psychischer und mentaler Energien. Je nach Stärke des Antriebs im Verhältnis zu dessen Steuerung kann dieses lebendige Bewegungsmuster hinweisen auf persönliche Eigenschaften wie:

- Lebendiges Temperament[1]
- Emotionale Spontaneität
- Begeisterungsfähigkeit
- Bewegungs- und Funktionslust[2]
- Selbstvertrauen[3]
- Emotionale und affektive Unruhe, Impulsivität, Nervosität, Hektik
- Mangelnde Selbstkontrolle und Selbstbeherrschung

---

[1] Zum Begriff Temperament meint Daniel Golemann (2011) in *EQ Emotionale Intelligenz*: „Das Temperament ist definiert durch die Stimmungen, die für unser Gefühlsleben typisch sind. In einem gewissen Umfang hat jeder von uns einen solchen Bereich von bevorzugten Emotionen; wir werden mit einem bestimmten Temperament geboren, es ist ein Teil der genetischen Lotterie, die sich im Laufe des Lebens unausweichlich Geltung verschafft. Wer Kinder hat, kennt das: Ein Kind ist von Geburt an still und friedlich, ein anderes reizbar und schwierig."

[2] Beschreibung des Grafologen Hans Knobloch (1987 *Grafologie*), der die Funktionslust auch als Merkmal der Handschrift deutet: „In den Biografien (solcher Menschen) haben wir Qualitäten wie Weltoffenheit, Unbefangenheit, lustvolle Vertiefung in Aufgaben ohne Zweckgebundenheit, breiteste Kontaktfähigkeit, spontanes Zugehen auf Menschen und Dinge, Toleranz, Durchlässigkeit der Gefühle, Neugierde auf alles Kommende, Freude am Experimentieren, Abwesenheit von Perfektionismus oder Neigung zu Extremen, Wirklichkeitssinn, soziale Intelligenz, scheinbare Mühelosigkeit beim Arbeiten, Fähigkeit zum Experimentieren und Improvisieren. Probieren geht über Studieren. Man nimmt alles, wie es kommt, kann Kompromisse machen, lässt sich auf alles ein, bleibt bis ins hohe Alter offen für neue Möglichkeiten."

[3] Zitat von Alfred Adler in *Menschenkenntnis* (2009) zu Menschen, die ein positives Gemeinschaftsgefühl und Selbstvertrauen in sich tragen und das nach aussen in Form des heiteren, lebendigen Wesens auch ausstrahlen: „Es sind Menschen, die ein heiteres Wesen haben, nicht immer bedrückt und besorgt einhergehen, auch die anderen nicht immer zum Objekt oder Träger ihrer eigenen Sorgen machen, die es über sich bringen, im Zusammensein mit anderen Heiterkeit auszustrahlen, das Leben zu verschönern und lebenswerter zu machen". Aktueller sind Aussagen der Psychologin und Psychoanalytikerin Maja Storch und des Persönlichkeitspsychologen Julius Kohl (2012) in *Die Kraft aus dem Selbst*. Sie schreiben im Rahmen ihrer PSI-Theorie (Persönlichkeits-System-Interaktionen) zum Teilsystem „Selbst": „Die innere Sicherheit ist für die Funktionstüchtigkeit des Selbst grundlegend wichtig. Es ist die Fähigkeit, sich darauf zu verlassen, dass Angst machende oder schmerzliche Situationen überwindbar sind und irgendwann bewältigt werden können. Die tiefste Quelle der inneren Sicherheit ist der zuverlässige Kontakt mit den eigenen Bedürfnissen: Eine Person, die ganz deutlich spürt, was sie braucht, und dies auch ausdrücken kann, weiss, wer sie ist. Man kann ihr nichts vormachen."

Beispiele aus dem Alltag:

Die lebhafte junge Frau, die stets in Bewegung ist, sich für Vieles begeistert, Neues ausprobiert, dem Arbeitsteam gut tut, weil sie spontan ist, weil sie Farbe in den Alltag bringt, weil sie andere mitzieht.

Der Kollege, der die Diskussionsrunde immer wieder belebt mit seinen spontanen Meinungen und Ideen, der andere damit ansteckt und oft der Motor ist für gemeinsame Aktivitäten, wobei ihn allerdings einige auch als unruhig bis hektisch erleben.

Der emotional sehr unausgeglichene Sohn, der seine Gefühle und Stimmungen nicht im Griff hat, der impulsiv reagiert, dadurch auch wenig Disziplin in seiner Arbeit hat, rasch ablenkbar und ohne Konstanz.

„Unlebendig"

Das unlebendige Muster (wenig lebendig – wenig spontan – kontrolliert – ruhig – langsam) ist Spiegelbild eines weniger lebendigen Ausdrucks der physischen, psychischen und mentalen Energien. Je nach Ausprägung der Antriebskräfte im Verhältnis zu deren Steuerung kann das unlebendige Bewegungsmuster hinweisen auf:

- Verhaltenes Temperament

- Ausgeglichene, ruhige Emotionen und Stimmungen

- Geringe Begeisterungsfähigkeit, Unlust, Desinteresse, mangelnde Motivation

- Geringe Bewegungs- und Funktionslust

- Überkontrollierte Emotionen und Stimmungen

- Unsicherheit im Selbstvertrauen[4]

- Ausgeprägte Sachlichkeit, rationale Kontrolle und Selbststeuerung, Nüchternheit, Kopflastigkeit

- Ausgeprägter Wille, Disziplin

---

[4] Noch einmal Alfred Adler (2009) in seiner Aussage zu den pessimistischen Menschen mit wenig Selbstvertrauen: „Die besondere Vorsichtigkeit dieses Typus sieht man in seiner Haltung, die meist schüchtern, furchtsam, langsam sein wird, vorsichtig berechnend, weil sie immer Gefahren wittern".

- Ausgeprägte Kontrolle des Verhaltens durch ethische und moralische Leitwerte.

Beispiele:

Der Vorgesetzte, der sehr sachlich, analytisch und rational urteilt, der sich stets korrekt verhält, aber selten spontan ist und wenig Gefühl oder Begeisterung äussert, was den Eindruck der persönlichen Nüchternheit ergibt.
Der Student, der in seiner Gangart, seiner Mimik und Gestik oft desinteressiert, aber auch unsicher wirkt, was dazu führt, dass von ihm wenig Anstoss kommt. Selten erlebt man ihn als spontan.
Die Buchhalterin, die sehr ruhig, konzentriert und präzis arbeitet und der man eine sehr hohe Gewissenhaftigkeit, viel Selbstdisziplin und Ausdauer attestiert.

„Gelöst"

Das gelöste Muster (gelöst – locker – leicht – schwebend – fliessend) ergibt sich, auf der Basis unserer ersten Grundannahme, aus einer gelösten, lockeren Spannung zwischen physischem und psychischem Antrieb sowie dessen Steuerung. Deutungshinweise sind:

- Ausgewogene Verbindung von Antrieb und Steuerung, von Temperament, Emotionalität einerseits und Selbstkontrolle durch das Denken, den Willen, die Disziplin und ethisch-moralische Leitwerte anderseits.[5]

---

[5] Vergleiche mit Persönlichkeitstheorien (Psychoanalyse, Transaktionsanalyse u. a.), in denen das Verhältnis beziehungsweise das Zusammenwirken der Antriebs- und der Kontrollkräfte vielfältig thematisiert wird. Interessant ist die Beschreibung eines „neurobiologisch inspirierten" Modells der Persönlichkeit nach Gerhard Roth in *Bildung braucht Persönlichkeit* (2011). Er schreibt: „Wir haben gesehen, dass sich von der Grundorganisation des Gehirns her die Persönlichkeit aus einer unteren, mittleren und oberen limbischen Ebene zusammensetzt. Dabei bestimmen die Eigenschaften der unteren limbischen Ebene unser – überwiegend angeborenes – Temperament, während die mittlere Ebene der Ort der emotionalen Konditionierung ist. Beide Formen zusammen konstituieren die überwiegend unbewussten und egozentrischen Anteile unserer Persönlichkeit. Auf der oberen limbischen Ebene vollziehen sich die Prozesse der Sozialisierung, d. h. die Bindungsfähigkeit im weitesten Sinne, Empathie, Moral, Ethik und Gewissen. Die kognitiv- sprachliche Ebene schliesslich dient der Kommunikation und in diesem Rahmen der Selbstdarstellung, vor sich und Anderen, sie sind auch der Ort der Intelligenz und Handlungsplanung. Wäh-

- Lockere, leicht wirkende Umsetzung aller persönlichen Energien, Flexibilität, Unkompliziertheit[6, 7]

- Ausgewogenes Verhältnis von Anspannung (Leistung, Engagement, Einsatz) und Entspannung (Erholung, Loslassen, Regeneration der Kräfte)[8]

- Gelassenheit, Selbstvertrauen, Belastbarkeit, positive Erwartung an die eigene Selbstwirksamkeit[9, 10, 11]

---

rend die drei limbischen Ebenen eng miteinander verwoben sind, arbeitet die kognitiv-sprachliche Ebene weitgehend unabhängig von diesen drei Ebenen."

[6] Vergleiche auch mit dem Begriff „Flow" von Mihaly Csikszentmihalyi (2010), in *Flow. Das Geheimnis des Glücks*. Definition des Flow-Erlebnisses nach Wolfgang Tschacher in *Embodiment* (2010):„Es entsteht ein Zustand des Im-Weg und Im-Körper-Drinsteckens, ein Verschmelzen von Tätigkeit und Bewusstsein. Diesen Zustand nennt man auch „flow", womit man einen Handlungsfluss bezeichnet, in dem eine Person mit ihrer Tätigkeit und dem Körper eins wird."

[7] Die ausgewogene Mischung von Anspannung und Entspannung ist ein primäres Ziel beispielsweise im Autogenen Training, nach Johannes Schultz in *Autogenes Training* (2003). Diese Methode hilft, einzelne Körperfunktionen zu regulieren, zum Beispiel die Atmung, oder den Wärmehaushalt, oder den Herzschlag. Ähnliche Ziele verfolgt auch das Qigong, gemäss den Autoren Wilhelm Mertens und Helmut Oberlack in *Qigong* (2010) ein „Bewegungssystem, das Geist und Körper harmonisch miteinander verbindet.... Es sind Übungen, die Ruhe und Entspannung mit körperlicher Aktivität kombinieren."

[8] Vergleiche auch mit der Theorie der Kinesiologie, der Lehre von der Bewegung und den Bewegungsabläufen. Isa Grüber schreibt in ihrem Buch *Kinesiologie* (2006): „Wir sind dann gesund und wohl, wenn wir uns frei bewegen können und alle natürlichen Lebensprozesse im Körper im Fluss sind."

[9] „Selbstwirksamkeit" oder „original self-efficacy", ein Terminus ursprünglich von Albert Bandura in *Self-efficacy: The exercise of control* (1997)

[10] Ein weiterer interessanter Begriff heißt „Selbstwirksamkeitserwartung", wie folgt definiert von Ralf Schwarzer und Matthias Jerusalem in *das Konzept der Selbstwirksamkeit* (2002): „Mit Selbstwirksamkeitserwartung bezeichnet man also das Vertrauen in die eigene Kompetenz, auch schwierige Handlungen in Gang zu setzen und zu Ende führen zu können. Vor allem die Überwindung von Barrieren durch eigene Intervention kommt darin zum Ausdruck. Selbstwirksamkeitsgedanken können zum Beispiel folgendermassen lauten: „Ich bin sicher, dass ich den ganzen Abend eisern arbeiten kann, auch wenn andere mich zum Fernsehen einladen" oder „Ich bin sicher, dass ich eine Zigarette ablehnen kann, wenn andere mich zum Rauchen verführen wollen." Und, etwas später: „Die Bedeutung von Selbstwirksamkeit für Leistungs- und Motivationsprozesse hat sich durch viele empirische Studien eindrucksvoll belegen lassen."

[11] Vergleiche mit der Theorie der „Salutogenese" von Aaron Antonovsky und dem darin wesentlichen Begriff des „Kohärenzgefühls". Zitat nach Theodor Dierk Petzold in *Praxisbuch Salutogenese* (2010): „Antonovsky definiert den Begriff „Kohärenzgefühl" als „globale Orientierung, die ausdrückt, in welchem Masse man ein durchdringendes, andauerndes und dennoch dynamisches Gefühl des Vertrauens hat." Oder vergleiche mit der Sportpsychologie, zum Beispiel Jörg Wetzel in seinem Buch *Gold, Mental stark zur Bestleistung* (2010). Er schreibt: „Der optimale Leistungszustand wird von Sportlern häufig so beschrieben: „Ich fühle mich einsatzbereit, ich habe Spass, ich bin entspannt, ich fühle mich zuver-

- Zuversicht, Offenheit für Neues und für Veränderung

- Entscheidungsfähigkeit, Risikobereitschaft, auf der Basis des guten Selbstvertrauens

Beispiele:

Die Eiskunstläuferin, die im Wettkampf und vor viel Publikum trotz hohem Druck und intensiver Anstrengung locker bleibt und in ihren Bewegungen leicht und schwebend wirkt, weil sie sich innerlich sicher fühlt.

Die Mitarbeitenden, die ihre Chefin auch in der grössten Hektik als gelassen erleben und immer wieder staunen, mit welcher ruhigen Sicherheit und Zuversicht sie Probleme angeht und schwierige Entscheide trifft.

Der ältere Abteilungsleiter, der trotz seiner 30-jährigen Firmenzugehörigkeit immer wieder offen ist für Neues und der sich positiv auf Veränderungen einstellt, flexibel und lernbereit.

„Gespannt"

Das gespannte Bewegungsmuster (gespannt – schwungvoll – elastisch – kraftvoll – intensiv) ergibt sich aus einem gespannten Verhältnis zwischen physischem und psychischem Antrieb sowie dessen Steuerung. Deutungshinweise sind:

- Gespannte Verbindung von Antrieb und Steuerung, von Temperament, Emotionalität einerseits und Selbstkontrolle durch das Denken, den Willen, die Disziplin und ethisch-moralische Leitwerte anderseits

- Dynamische, kraftvolle Umsetzung der persönlichen Energien

- Gespanntes Verhältnis von intensivem Engagement (Einsatz, Leistung, Konzentration der Kräfte) und Entspannung (Erholung, Loslassen, Regeneration der Kräfte)

- Selbstvertrauen, Belastbarkeit

---

sichtlich, ich habe hohes Selbstvertrauen, ich glaube an mich, ich reagiere instinktiv richtig, ich freue mich auf den Wettkampf, ich habe eine feinfühlige Wahrnehmung, ich bin voll aufmerksam, bereit und entschlossen, ich fühle eine hohe Energie, ich bin gelassen."

Beispiele:

Die dynamische Verkaufsleiterin, die Vieles anstösst und umsetzt, die hohe Leistung bringt, sich aber auch immer wieder gut erholt.

Der junge Assistent, der mit gesundem Selbstvertrauen anpackt, sich intensiv auf seine Aufgaben konzentriert und sich als sehr belastbar erweist, ohne sich zu überfordern.

Die Lehrperson, der es gelingt, ihr lebendiges Temperament und ihre emotionale Stärke bestens zu verbinden mit Leistungskraft und einem hohen Pflichtbewusstsein.

„Überspannt"

Das überspannte Muster (überspannt – angespannt – verspannt – verkrampft – blockiert) ist Ausdruck eines unausgeglichenen, zur Überspannung neigenden Verhältnisses zwischen Antrieb und Steuerung. Deutungshinweise sind:

-   Angespannte, verspannte bis verkrampfte Verbindung von Antrieb und Steuerung, von Temperament, Emotionalität einerseits und Selbstkontrolle durch das Denken, den Willen, die Disziplin und ethisch-moralische Leitwerte anderseits

-   Unsicherheit, Zweifel, Ängste, Misstrauen im Selbstwert, wobei diese kompensiert werden mit hoher Anspannung in Form von Eigenschaften wie: Überzogener Ehrgeiz, Verkrampfung, überstarkes Pflichtgefühl, Perfektionismus, überhöhte Eigenerwartungen, forciertes Geltungsstreben[12]

---

[12] Alfred Adler formuliert in *Menschenkenntnis* (2009) den Begriff „Angriffsattitüde" und meint damit eine Form der Kompensation innerer Gefühle der Unsicherheit. Er schreibt über solche Menschen: „Die *Angriffsattitüde* zeigt sich vor allem in grösseren Bewegungen. Sie werden, wenn sie mutig sind, diesen Mut bis zum Übermut steigern, sich selbst und den anderen immer mit einem besonderen Nachdruck zeigen wollen, dass sie doch etwas leisten können. So verraten sie das tiefe Unsicherheitsgefühl, das sie im Grund beherrscht. Wenn sie furchtsam sind, werden sie sich gegen die Furcht abzuhärten suchen. Andere wieder werden bestrebt sein, Gefühle von Weichheit und Zärtlichkeit zu unterdrücken, weil sie ihnen wie eine Schwäche erscheinen. Sie werden immer den Starken herauskehren wollen, oft mit einer solchen Deutlichkeit, dass es auffällt." Und etwas später: „Ihre bewusste Selbsteinschätzung kann dabei einen sehr hohen Grad erreichen, sie können gebläht sein von Stolz, Arroganz und Eigendünkel. Sie können Eitelkeit zur Schau tra-

- Angestrengte, überspannte Betriebsamkeit, Rastlosigkeit, Gehetztheit

- Anspannung in Form von Rigidität, Beharrlichkeit, Starrheit, Blockaden, mangelnde Flexibilität

Beispiele:

Der sehr fleissige Student, der mit enormem Willen, Disziplin und Selbstkontrolle sein Studium konsequent durchzieht, sich dabei fast jedes Vergnügen untersagt und kaum Emotionen lebt.

Die pausenlos und überall engagierte Managerin, die zwar begeistert arbeitet, aber oft verspannt und gehetzt wirkt, weil sie aus innerer Unsicherheit übermässig bestrebt ist, an allen Fronten hohen, zu hohen Eigen- und Fremderwartungen gerecht zu werden.

Der sehr kompetente Fachmann und Experte, der sich mit seinem Perfektionismus nach allen Seiten hin absichert, der aus Angst vor Fehlern Mühe hat, zu entscheiden und der im Handeln als kompliziert, zögerlich, ineffizient und manchmal auch stur erlebt wird, wenn er von etwas überzeugt ist.

„Unterspannt"

Das unterspannte Muster (unterspannt – spannungsarm – gehemmt – schlaff – kraftlos) weist hin auf ein unausgeglichenes, zur Unterspannung oder Spannungslosigkeit neigendem Verhältnis zwischen physischem und psychischem Antrieb sowie dessen Steuerung. Deutungshinweise sind:

- Wenig gespannte, spannungsarme Verbindung von Antrieb und Steuerung, von Temperament, Emotionalität einerseits und Selbstkontrolle durch das Denken, den Willen, die Disziplin und ethisch-moralische Leitwerte anderseits

- Unsicherheit, Zweifel, Ängste, Misstrauen im Selbstwert, was zu einem Energie-Rückzug führt, zu reduzierter Anspannung und damit zu Eigenschaften wie: Geringe Dynamik, Übervorsicht, Passivität, Zögern

---

gen, als ob sie wirkliche Überwinder wären. Aber die Deutlichkeit, mit der sie das alles tun, und das Überflüssige daran stört nicht nur das Zusammenleben, sondern verrät uns auch, dass alles an ihnen nur künstlicher Bau ist, der sich über einer unsicheren, schwankenden Grundlage erhebt."

im Entscheiden, Scheu vor Verantwortung, reaktives Verhalten, Resignation[13, 14]

- Bequemlichkeit oder Verwöhnung[15]

Beispiele:

Der unsichere Student, der nie so recht weiss, ob er auf dem richtigen Weg ist, der unschlüssig lernt und wenig Initiative zeigt, was ihm den Vorwurf der Bequemlichkeit einträgt, im Grunde aber seine Unsicherheit ausdrückt.

Die passive junge Frau, die sich gerne etwas ziert und sich verwöhnen lässt, die andere in ihren Dienst zu stellen versteht und selber wenig leistet, wobei das genaue Hinsehen erkennen lässt, dass sie sich Eigendynamik kaum zutraut und dass sie darin keine Übung hat.

Der eher antriebslose Vorgesetzte, der allzu oft nur reagiert, kaum je selber entscheidet und die Verantwortung scheut.

---

[13] Alfred Adler (2009) beschreibt in *Menschenkenntnis* die Menschengruppe der „Angegriffenen", die ihre Persönlichkeitsstruktur ebenfalls aus Gefühlen der Unsicherheit entwickelt haben, aber diesmal nicht in Richtung der besonders angestrengten Kompensation, sondern in Form des abwartenden, zögernden Rückzugs: „Ihr Misstrauen zwingt sie zu einer abwartenden, zögernden Haltung. Vor einer Aufgabe beginnen sie zu zweifeln und zu zögern, als ob sie die Entscheidung hinausrücken wollten. Will man sich diesen Typus symbolisch darstellen, dann würde er uns erscheinen als ein Mensch, der wie zur Abwehr die Hände vorstreckt, zuweilen mit abgewandtem Blick, wie um der Gefahr nicht ins Auge sehen zu müssen."

[14] Eine interessante Parallele gibt es hier auch zu einer Aussage des Neurobiologen Gerald Hüther in *Embodiment* (2010), welche für die Unter- wie für die Überspannung der persönlichen Energien gelten kann. Er bezieht sich auf Prägungen in der Kindheit und schreibt: „Vor allem seelische Verletzungen, die während der frühen Kindheit mit dem Gefühl der Ohnmacht und Hilflosigkeit, Ablehnung und Entwertung einhergehen, werden auf diese Weise nachhaltig „verkörpert". Auch wenn diese Gefühle im späteren Leben überwunden werden können, oder die für das Zustandekommen dieser Gefühle verantwortlichen Personen längst gestorben sind, bleiben die verkörperten Erfahrungen eines Menschen oft zeitlebens als resignierte oder verkrampfte Haltung sichtbar."

[15] Alfred Adler (2009) schreibt zum Thema der verwöhnten, verzärtelten Kinder: „Da man ihnen nicht die Gelegenheit gibt, sich in der Überwindung von Schwierigkeiten zu üben, sind sie für ihr weiteres Leben äusserst mangelhaft vorbereitet. Sie erleiden fast regelmässig Rückschläge, sobald sie aus dem kleinen Bereich dieser tropischen Atmosphäre heraustreten und sich dem Leben gegenüber finden, wo kein Mensch mehr seine Verpflichtungen in der Weise übertreibt, wie die überzärtlichen Erzieher."

Was sagen die Körperbeziehungen?

Unsere zweite hypothetische Grundannahme über die Beziehung des Individuums zu seinem Körper beziehungsweise den Umgang mit ihm (Seite 23) betrifft auf psychologischer Ebene Themen wie: Körperbewusstsein, Körperzufriedenheit, Umgang mit der Gesundheit, Selbstkontrolle und Selbstdisziplin, körperliche Leit- und Wunschbilder, Körperästhetik, Selbstsicherheit.

Gemäss den auf Seite 18 und 19 definierten Gruppen von Körperbeziehungen ergeben sich die nachstehenden psychologischen Interpretationen.

„Natürlich"

Die natürliche Körperbeziehung (natürlich – ehrlich – echt – authentisch – unverstellt) spricht eine Beziehung an, bei welcher der eigene Körper grundsätzlich so angenommen wird, wie er von Natur aus ist. Deutungshinweise bezüglich der persönlichen Eigenschaften sind:

- Natürlichkeit, Echtheit, Authentizität
- Selbstsicherheit durch Selbstakzeptanz[16]
- Geringe Beachtung und Bewertung des eigenen Körpers

Beispiele:

Der klein gewachsene Mann, der seine Körpergrösse als naturgegeben annimmt, ohne Zeichen von Unsicherheit.

Die auffällig gross gewachsene Frau, die auf ihre Grösse gar nicht achtet, nie ein Thema daraus macht und sich völlig natürlich bewegt.

Die 60-jährige Geschäftsführerin, die unkompliziert zu ihrem Alter steht, locker und selbstsicher, was auch den Eindruck der Echtheit ergibt.

---

[16] Boris Entrup (2008), Starvisagist, schreibt in seinem Buch *Schön* zum Thema Selbstakzeptanz: „Findet euer eigenes Ich! Spielt mit der Mode und den Trends, aber lasst euch nicht davon versklaven." Und: „Wenn ihr euch und euren Körper akzeptiert und mögt, dann strahlt ihr das auch nach aussen aus."

„Darstellend"

Die darstellende Körperbeziehung (dargestellt – künstlich – aufgesetzt – unecht – maniert) spricht eine Beziehung an, bei welcher der eigene Körper bewusst in einer bestimmten und gewünschten Form zur Darstellung gebracht wird. Deutungshinweise sind:

- Ästhetische Wunschbilder bezüglich der körperlichen Erscheinung

- Unsicherheiten im Selbstwert, die mit künstlichen Mitteln kompensiert werden sollen, mit dem Ziel, sich im eigenen Körper sicherer zu fühlen, oder nach aussen eine Wirkung zu erzielen, die den Selbstwert zu steigern verspricht[17]

Beispiele:

Der junge Kollege, der seinen Körper reichlich mit Tattoos ziert, weil ihm das gefällt.

Die Mitarbeiterin, die schon diverse Schönheitsoperationen hinter sich hat, sichtlich bemüht, ihr Alter zu verjüngen, was unter anderem dazu führt, dass ihr Gesicht, unterstützt durch ihr auffälliges Make-up, etwas maskenhafte Züge erhält.

Der Bodybuilder, der alles daran setzt, seine Muskelpakete in Szene zu setzen.

„Kontrolliert"

Die kontrollierte Körperbeziehung (kontrolliert – beachtet – besorgt – geschont – gepflegt) ist eine bewusst beachtete und kontrollierende Beziehung zum eigenen Körper. Deutungshinweise sind:

- Beachtung des Körpers im Sinne der Gesunderhaltung, der Pflege, der Sorge, der Schonung

---

[17] Hans Weiss und Ingeborg Lackinger (2011) verwenden in ihrem Buch *Schönheit, Die Versprechen der Beauty Industrie* (2011) den Begriff „Dysmorphophobie" und schreiben über Menschen, die in Bezug auf ihre Körperlichkeit unsicher sind und Mängel sehen:„Das heisst, sie sehen (bei sich) einen Makel, wo in Wirklichkeit keiner ist, sehen zu viel Fett, wo es ganz normale Fettpolster gibt, sehen einen kleinen Busen, der in Wirklichkeit Grösse C hat."

- Erhaltung eines positiven körperlichen Selbstwertgefühls[18]
- Ästhetische Wunschbilder bezüglich der eigenen körperlichen Erscheinung

Beispiele:

Die Teamleiterin, die mit fünfzig Jahren immer noch schlank und fit ist, dafür aber auch etwas tut, sich oft bewegt, Sport treibt, auf eine gesunde Ernährung und genügend Schlaf achtet.

Der hoch betagte Mann, der immer noch sehr auf seine körperliche Pflege Wert legt, sich nicht gehen lässt, auch wenn ihn einige Gebresten plagen.

Die Musikerin, die auf ihr Gewicht und ihre Gesundheit achtet, weil sie sich sonst in ihrem Körper nicht wohl und sicher fühlt.

„Unkontrolliert"

Die unkontrollierte Körperbeziehung (unkontrolliert – unbeachtet – sorglos – vernachlässigt – ungepflegt) ist eine Beziehung, die wenig Wert legt auf die Beachtung und Kontrolle des Körpers. Deutungshinweise sind:

- Nicht-Beachtung, Vernachlässigung, Sorglosigkeit, Ungepflegtheit gegenüber dem eigenen Körper und seinem Erscheinungsbild
- Mangelnder Wille oder geringe Disziplin in Bezug auf die Beachtung und Kontrolle des eigenen Körpers
- Nichtbeachtung oder Vernachlässigung des Körpers aus Unzufriedenheit oder Unsicherheit über das eigene Körperbild
- Unkontrolliertes Suchtverhalten

---

[18] Der Sportpsychologe Jörg Wetzel schreibt in: *Gold, Mental stark zur Bestleistung* (2010): „Auch die körperliche Verfassung, das Körperbewusstsein und die Beziehung zum eigenen Körper wirken sich auf das Selbstvertrauen aus. Je gesünder, trainierter und leistungsfähiger sich ein Athlet fühlt und je besser er im und mit seinem Körper lebt, desto mehr wird dies sein Selbstvertrauen stärken."

Beispiele:

Die Wissenschaftlerin, die sich wenig um ihre Figur, ihre Gesundheit und ihre Körperpflege kümmert, die in dieser Beziehung ziemlich sorglos ist.

Der übergewichtige Verkäufer, die jahrelang versucht hat, sein Gewicht im Griff zu haben, dies aber nie schaffte und es nun aufgegeben hat, seine Ernährung zu beachten und an seine Wunschfigur zu glauben, was bei ihm allerdings auch zu Gefühlen der Unzufriedenheit und Unsicherheit führt.

Der Kollege, der dem Alkohol verfällt und sich zunehmend körperlich gehen lässt.

Was sagen die Kleiderbeziehungen?

Die dritte hypothetische Annahme, die wir formuliert haben (Seite 23) betrifft die Beziehung des Individuums zu seiner Bekleidung und zu Accessoires. Die psychologische Interpretation dieser Kleiderbeziehung bewegt sich um Themen wie: Beziehung zur Kleiderästhetik, Modebewusstsein, Leit- und Wunschbilder, Selbstdarstellung, Schein und Sein, Normenorientiertheit, Kreativität, persönlicher Stil, Identität, Selbstvertrauen, Authentizität.

Den auf Seite 19 bis 21 definierten Gruppen von Kleiderbeziehungen lassen sich die nachstehenden Interpretationsvarianten zuordnen:

„Funktional"

Die funktionale Kleiderbeziehung (funktional – zweckmässig – einfach – praktisch – unbeachtet) bedeutet, dass Bekleidung und Accessoires primär der Körperbedeckung und Zweckmässigkeit dienen. Deutungshinweise sind:

- Nichtbeachtung, Vernachlässigung der Bekleidung[19]
- Geringes Bedürfnis nach Bekleidungsästhetik, nach Mode und Stil
- Unsicherheit bezüglich der Bekleidungsästhetik
- Selbstsicherheit ohne Beachtung der Bekleidung

---

[19] Jeroen van Rooijen zitiert in seinem Buch *Hat das Stil* (2011) den bekannten Schweizer Designer Albert Kriemler: „Selbst die Absicht, der Mode keine Beachtung zu schenken, scheitert bereits beim Ankleiden, denn jede Erscheinung, ob undefiniert, modern, klassisch, belanglos oder elegant – ist täglich eine klare Aussage zur eigenen Person."

Beispiele:

Die Projektleiterin, die sich sehr sachbezogen engagiert und bezüglich ihrer Person wenig auf das Äussere Wert legt, deshalb ihrer Bekleidung und der Mode geringe Beachtung schenkt.

Der Sachbearbeiter, der sich praktisch und zweckmässig kleidet und sich in Modefragen unsicher fühlt, deshalb sich auch nicht darauf einlässt.

Der selbstsichere Geschäftsführer, der sich nicht für Stil und Mode interessiert und entsprechend unkompliziert sich kleidet, was nicht allen passt, weil er sich um die angemessene Form eher futiert.

„Darstellend"

Die darstellende Kleiderbeziehung (dargestellt – ästhetisiert – künstlich – vorgezeigt – aufgesetzt) beinhaltet das Bestreben, Kleider und Accessoires nebst ihrem ureigenen Zweck (Körperbedeckung und Schutz) bewusst auch als Mittel der Darstellung einzusetzen. Deutungshinweise sind:

- Ästhetisches Empfinden und entsprechende Bedürfnisse in Bezug auf die Bekleidung, Freude an Mode und Stil

- Bedürfnisse nach Selbstdarstellung mittels der Bekleidung, Beachtung der Wirkung auf andere

- Kompensation innerer Unsicherheiten durch äusseren Schein, durch Maske und Fassade[20]

Beispiele:

Die Beraterin mit ihrem modischen Gespür, stets dezent gekleidet, mit Accessoires, die passen.

Der Manager Mitte fünfzig, der sehr auf seine Erscheinung achtet, mit Anzügen nach neuester Mode, mit auffälligen Uhren und einer jugendlichen

---

[20] Vergleiche C. G. Jung in seiner Psychologie der „Persona", zitiert nach Wolfgang Roth und seinem Buch: *C. G. Jung verstehen* (2009) „Die Persona ist ein kompliziertes Beziehungssystem zwischen dem individuellen Bewusstsein und der Sozietät, passenderweise eine Art Maske, welche einerseits darauf berechnet ist, einen bestimmten Eindruck auf die anderen zu machen, anderseits die wahre Natur des Individuums zu verdecken." Oder: „Eine „gut sitzende" Maske ermöglicht die Etablierung und Aufrechterhaltung eines Ich-Ideals sowie eines positiven Selbstbildes."

Schuhmode, die in den Augen einiger nicht mehr so ganz zum Alter passen will.

Der Geschäftsführer, der sich stets exzentrisch kleidet, was viel Aufmerksamkeit provoziert, wobei man seine wahre Persönlichkeit hinter der auffälligen Selbstdarstellung wenig spürt, was auch wahrgenommen wird als Unsicherheit, die sich hinter distanziert wirkender Extravaganz versteckt.

„Einheitlich"

Die einheitliche Kleiderbeziehung (einheitlich – klar im Stil – linientreu – fassbar – eindeutig) meint, dass die Wahl und Gestaltung von Kleidern und Accessoires einheitlich ist. Deutungshinweise sind:

- Beachtung der ästhetischen Einheitlichkeit in der Bekleidung, der eigenen Linie in Stil und Mode
- Gespür für Stil und Mode
- Einheitlichkeit des Bekleidungsstils als Ausdruck der persönlichen Identität[21]

Beispiele:

Die Kollegin, die schrille Farbtöne schätzt und einen entsprechenden Modestil pflegt, unverkennbar.

Der Grafiker mit seinen farbigen Hemden, seinen speziellen Schals, seinen Ringen, seinem robusten Schuhwerk, seinen Hornbrillen.

Die erfolgreiche und beachtete Frau, die in ihrer Persönlichkeit stets bescheiden und zurückhaltend blieb, was sich auch in ihrem einfachen, schlichten, gepflegten Stil an Kleidung und Accessoires widerspiegelt.

---

[21] Hierzu eine Aussage von Irmie Schüch-Schamburek in ihrem Buch *dresscode woman* (2010): „Eine schöne Erscheinung ist jedoch nicht nur eine Frage des Wohlfühlens. Das Innere und das Äussere müssen eine harmonische Einheit bilden, um Persönlichkeit, Charme und Physis bestmöglich zu präsentieren. Wer dieses „Feng Shui" der Mode beherrscht und alle geistigen, seelischen und körperlichen Voraussetzungen harmonisch zu vereinen versteht, wird immer authentisch und geschmackvoll erscheinen."

„Uneinheitlich"

Die uneinheitliche Kleiderbeziehung (uneinheitlich – unklar im Stil – wechselhaft – nicht fassbar – vieldeutig) besteht in der Tendenz, die eigene Bekleidung uneinheitlich zu gestalten. Deutungshinweise sind:

- Nicht-Beachtung der ästhetischen Einheitlichkeit in der Bekleidung
- Unsicherheit in Fragen der Bekleidungsästhetik
- Mangel an Gespür und Flair für Stil und Mode
- Uneinheitlichkeit des Bekleidungsstils als Ausdruck einer uneinheitlichen, auch unsicheren persönlichen Identität

Beispiele:

Die Freundin, die kein Flair hat für Kleidermode und Accessoires, die deshalb nicht darauf achtet und sich kleidet, wie es gerade kommt, ziemlich kunterbunt.

Der junge Mitarbeiter, der nicht gerne neue Kleider kauft, weil er sich unsicher fühlt in Modefragen und der überzeugt ist, dafür kein Gespür zu haben.

Die 40-jährige Kollegin, die immer wieder überrascht mit einem Modestil, der keiner ist, weil wenig zusammenpasst und weil sie von einem Extrem ins andere fällt, was nicht ganz erstaunlich ist, weil sie auch im Leben sehr unsicher wirkt auf ihren Wegen.

„Normgeprägt"

Die normgeprägte Kleiderbeziehung (normgeprägt – angepasst – unpersönlich – konventionell – traditionell) ist eine Beziehung, bei der die Wahl der Kleider und Accessoires sich primär orientiert an den geltenden Normen, an Konvention oder Tradition, an bestimmten äusseren Erwartungen und Werten. Deutungshinweise sind:

- Orientierung des Verhaltens an gängiger Norm, Konvention, Tradition
- Unsicherheit im eigenen, persönlichen Bekleidungsstil

- Anpassung an Erwartungen des Umfeldes

- Streben nach Unauffälligkeit

- Unsicherheit in der persönlichen Identität

Beispiele:

Eine Freundin, die trägt, was alle tragen, weil sie von sich selber sagt, dass sie sich in Sachen Mode sehr unsicher fühle.

Die Beraterin, die immer den angemessenen Kleiderstil trifft, so dass sie nie auffällt, aber auch nie abfällt.

Der Politiker, der stets grau oder blau trägt, sehr konventionell. Nie ein persönlicher Farbtupfer, nicht einmal in seinen Krawatten, was laut Einschätzung vieler mit seiner angepassten, selten wirklich eigenen Meinung übereinstimmt.

„Eigengeprägt"

Die eigengeprägte Kleiderbeziehung (eigengeprägt – individuell – persönlich – unkonventionell – kreativ) wählt einen individuellen Stil in den Kleidern und Accessoires. Deutungshinweise sind:

- Bedürfnisse nach einem individuellen Stil in der Bekleidung[22]

- Kreatives Flair für Bekleidung

- Persönliche Eigenständigkeit[23]

- Bedürfnis nach Aussenwirkung und individueller Selbstdarstellung

- Bedürfnis nach Unkonventionalität in der Bekleidung

---

[22] Stephanie Palm und Ursula Scholz (2010) schreiben in Ihrem Buch *Typberatung, die anzieht* zum persönlichen Stil in der Bekleidung und dem damit verbundenen positiven Eigenbild: „Ein positives Eigenbild entsteht mit dem Tun – je öfters Sie üben, sich typengerecht zu kleiden, umso schneller und einfacher gelingt Ihnen Ihr ganz persönlicher Stilausdruck."

[23] Dieselben Autorinnen schreiben weiter zum eigengeprägten Bekleidungsstil: „Sich nach der Mode oder einer bestimmten Stilrichtung zu kleiden ist einfach: Sie brauchen nur aufstehen, hingehen und kaufen. Ihr persönlicher Stil hingegen ist komplexer, interessanter. Er lebt durch sie und mit Ihnen, entwickelt sich mit Ihren individuellen Vorlieben, Ihren Lebensumständen und einem spielerischen Kleidermix, der nur zu Ihnen passt."

Beispiele:

Die Kollegin im Büro, die mit ihrem speziellen Stil in Kleidung und Accessoires eine persönliche Linie ausstrahlt, welche von ihren Freundinnen und Freunden unisono als originell empfunden wird und völlig zu ihrem Typ passt.

Der Hotelier, der sich immer einheitlich und unifarben kleidet, eigentlich eher unauffällig in der Wirkung und stets ohne Schmuck und andere Accessoires, dennoch markant und vor allem sehr übereinstimmend mit seiner geradlinigen, echt wirkenden Persönlichkeit, abhold jeder Pose und Selbstdarstellung.

Die Geschäftsleiterin, die mit ihrer oft sehr eigenwilligen Mode rasch auffällt und auffallen will, was zu ihrem Bestreben passt, ja nie konventionell zu wirken.

4
Bewegungsmuster + Körperbeziehung + Kleiderbeziehung
Beispiele verschiedener Persönlichkeiten

Aus psychologischer Sicht dürfen wir annehmen, dass das Bewegungsmuster sowie die Art der Körper- und Kleiderbeziehung bei jedem Menschen in individueller Weise miteinander verbunden sind und ein Gesamtbild ergeben. Wir wollen dieses Bild mit dem Begriff *persönliches Ausdrucksprofil* bezeichnen. Einige Beispiele sollen solche *persönlichen Ausdrucksprofile* veranschaulichen. Dabei verzichte ich in der Beschreibung bewusst auf Angaben zu biografischen Fakten, Lebensereignissen, beruflichen Funktionen, fachlichen Kenntnissen, Begabungen und Interessen. Im Mittelpunkt steht allein die Frage, welches Bewegungsmuster und welche Körper- und Kleiderbeziehung die verschiedenen Personen prägen und wie sie zusammenwirken.

1. Beispiel: Bruno, 35-jährig

Persönliches Eindrucksbild
Bruno ist sehr lebendig und aktiv, wirkt allerdings oft auch gehetzt, was viele, die ihn kennen, seinem Workaholismus zuschreiben. Es macht den Anschein, als stünde er konstant unter Strom. Seine umtriebige Aktivität geht einher mit der Beobachtung, dass er geringen Wert auf sein Äusseres legt. Er ist ziemlich übergewichtig, was ihm, wie er selber sagt, egal sei. Ausserdem kleidet er sich so, wie es gerade kommt, ohne Beachtung von Mode und Stil, mit klarer Tendenz zur Ungepflegtheit.

Psychologische Interpretation
Bruno hat ein lebendiges, unruhig wirkendes Temperament. Die Missachtung seiner Bekleidung wirkt tendenziell ungepflegt, wenig modebewusst, vermutlich uneinheitlich, weil er sich kleidet, wie es gerade kommt. Möglicherweise hat er geringe ästhetische Modebedürfnisse und wenig Modege-

spür, oder es fehlt ihm am Willen, vielleicht auch an Geduld, um auf seine Bekleidung zu achten. Hinsichtlich seines Körpers neigt Bruno dazu, sich etwas gehen zu lassen, was zu Übergewicht führt. Vielleicht gab er es auf, sein Gewicht zu kontrollieren, weil er es nicht schafft.

Warum ist Bruno immer so umtriebig, gehetzt, unter Strom? Seine arbeitssüchtige Überspanntheit führt ohne Zweifel zu hohem Engagement, zeugt eventuell aber auch vom Bestreben, sich aus Unsicherheit permanent durch Überaktivität beweisen zu müssen. Es kann sein, dass er in der Ruhe wenig Selbstwert spürt, so dass er auf forcierte Art Bestätigung sucht. Dies wiederum kann ein Grund sein, warum er weder Beachtung noch Energie aufbringt, um sein Äusseres zu pflegen und sein Gewicht im Griff zu haben, wobei die Enttäuschung, dass er das nicht schafft, möglicherweise sein Selbstwertgefühl zusätzlich belastet.

Das *persönliche Ausdrucksprofil* von Bruno lässt sich wie folgt zusammenfassen:

Bewegungsmuster	lebendig	unruhig	gehetzt	überspannt
Körperbeziehung	natürlich	unverstellt	unkontrolliert	ungepflegt
Kleiderbeziehung	funktional	unbeachtet	uneinheitlich	unklar im Stil

2. Beispiel: Miriam, 41-jährig

Persönliches Eindrucksbild

Miriam ist immer ruhig, verhält sich stets kontrolliert. Hastige Bewegungen sind bei ihr nicht denkbar. Manche erleben ihre Beherrschtheit allerdings als angespannt bis sogar steif, auf jeden Fall wenig spontan.

Miriam achtet sehr auf ihre Kleidung. Sie hat einen dezenten Stil, zu jeder Zeit. Alles passt, bis in die Details ihres sorgfältig aufgetragenen Make-ups und ihres Schmucks. Alles erscheint perfekt. Miriam ist schlank, schaut auf ihre Figur und legt Wert auf eine gesunde Ernährung. Sie macht regelmässig ihre Yoga-Übungen.

Psychologische Interpretation
Miriam hat offenbar Freude an der Ästhetik ihrer Kleider und ein Gespür für die Feinheit ihres Make-ups und ihres Schmucks. Ausserdem ist sie mit Disziplin bestrebt, ihre Figur und ihr Aussehen zu pflegen und so zu erhalten, wie es ihrem Wunschbild entspricht. Ihr Modestil ist einheitlich und lässt eine Persönlichkeit mit eigener Linie erkennen.

Was führt Miriam zur ausgeprägten Selbstkontrolle, zum etwas steif wirkenden Perfektionismus? Möglicherweise will sie, bewusst oder unbewusst, mit diesem Bemühen eine innere Unsicherheit ausgleichen. Sie braucht vielleicht den Halt des perfekten Äusseren in Figur und Bekleidung, um sich sicher zu fühlen und möglicherweise auch um bei ihren Mitmenschen Wertschätzung zu erhalten. Wenig hat sie spontane Lebendigkeit im Ausdruck, wozu ihr wohl die selbstsichere Lockerheit fehlt.

Für das *persönliche Ausdrucksprofil* von Miriam ergibt sich folgendes Bild:

Bewegungsmuster	ruhig	kontrolliert	unspontan	angespannt
Körperbeziehung	kontrolliert	beachtet	gepflegt	
Kleiderbeziehung	gepflegt	einheitlich	eigengeprägt	darstellend

3. Beispiel: Renato, 39-jährig

Persönliches Eindrucksbild
Renato kommt selbstsicher daher, und er nimmt Raum ein. Viele erleben ihn als dominant, was nicht bei allen gut ankommt, weil sein Verhalten eher gezwungen wirkt.

Seinen Auftritt begleitet Renato mit einem stets auffallenden Outfit, geprägt von Edelmarken in den Anzügen, Schuhen, Uhren und Krawatten. Damit imponiert er einerseits, neigt anderseits aber zu einer Selbstdarstellung, von der man merkt, dass es ihm wichtig ist, Publikum zu haben, beachtet zu werden. Einige empfinden ihn in seiner forcierten und gestylten Art als arrogant.

Unter seinen Anzügen deutet sich ein beachtliches Übergewicht an, Zeichen der Tatsache, dass Renato sich wenig bewegt, keinen Sport treibt und gerne gut isst.

Psychologische Interpretation
Renatos Verhalten ist weder locker noch natürlich, sondern überspannt, was eine Kompensation unsicherer Selbstwertgefühle andeuten kann. Er muss offenbar beachtet werden, auffallen, Eindruck machen, den Ton angeben können, seinen Selbstwert über ein dominant wirkendes Verhalten definieren.

Dieses Bestreben unterstreicht Renato mit der Exklusivität seiner Kleider und Accessoires, die ihn von der Durchschnittlichkeit, welche Gefahr läuft, unauffällig zu bleiben, abhebt. Mit seinem Outfit lässt er zweifellos eigenen Stil, ein ästhetisches Flair und Freude an ausgewählter Mode erkennen, gepaart allerdings mit dem Ausdruck einer angestrengt wirkenden Pose der Selbstdarstellung, hinter der sich Unsicherheiten kaschieren.

Unter den Edelmarken seiner Bekleidung zeigt sich unübersehbar, dass Renato seinen Körper mässig beachtet, was eigentlich erstaunlich ist, weil eine schlanke, sportliche Figur seinem übrigen Auftritt eher entsprechen würde als das Übergewicht, welches ahnen lässt, dass er offenbar Mühe hat, seine Esslust zu kontrollieren und sich sportlich zu betätigen. Vielleicht weil ihm dazu die Selbstdisziplin, die zum forschen Auftritt passen würde, fehlt.

Renato neigt wohl bewusst oder unbewusst dazu, sich und anderen etwas vorzumachen, in dem er seinen Selbstwert, der ihm nicht genügt, auf gezwungen anmutende Art emporhebt.

Renatos *persönliches Ausdrucksprofil* lässt sich ins folgende Bild fassen:

Bewegungsmuster	angespannt	überspannt		
Körperbeziehung	unkontrolliert	vernachlässigt		
Kleiderbeziehung	darstellend	vorgezeigt	ästhetisiert	einheitlich / individuell

4. Beispiel: Anna, 25-jährig

Persönliches Eindrucksbild

Anna ist zurückhaltend, im Umgang höflich. Ihr Temperament ist wenig lebendig. Sie passt sich überall problemlos an und achtet darauf, nicht aufzufallen. Anna sagt wenig und antwortet, wenn sie gefragt wird. Von ihr selber kommen selten Anstösse und Ideen. Man erlebt sie als bescheidene, vorsichtige junge Frau.

Anna macht punkto Bewegung und Sport wenig bis gar nichts. Ihr Ausdruck, ihr Gang, ihre Gestik wirken zögernd, ihre Dynamik ohne Spannung, eher kraftlos. Der Körperkult, den andere pflegen, sagt ihr gar nichts. Sie schaut kaum auf ihre Figur und auf ihre Ernährung, isst wenig, einfach weil ihr das genügt.

Auf Kleider und Accessoires legt Anna in modischer Hinsicht geringen Wert. Sie kleidet sich aber immer angemessen, trägt nur ab und zu Schmuck. Sie ist in ihrer Erscheinung gepflegt.

Psychologische Interpretation

Annas Temperament ist ruhig, wohl von Natur aus. Dazu kommt, dass ihre geringe Lebendigkeit verbunden ist mit einer persönlichen Dynamik, in der wenig Spannung liegt. Es fehlt der selbstbewusste Ausdruck, es überwiegt die Hemmung.

Die Tatsache, dass sich Anna gut anpasst und nicht aufzufallen bestrebt ist, lässt eine Unsicherheit erahnen, welche es vermeidet, die gute Norm und Form zu verlassen und sich mit viel persönlicher Meinung zu exponieren. Ihre Vorsicht wählt den Weg der unauffälligen Anpassung an die Konvention.

Bezüglich ihres Körpers gibt sich Anna natürlich. Sie beachtet ihre Figur und ihre Ernährung offenbar wenig. Beides scheint für sie kein wichtiges Thema zu sein.

Anna kleidet sich unauffällig, einerseits weil sie vermutlich nicht genügend selbstsicher ist, um sehr Persönliches zu tragen, anderseits weil ihr das Bedürfnis nach Mode abzugehen scheint. Dennoch achtet sie auf die Pflege ihrer Kleider, wohl auch hier bemüht, nicht durch Nachlässigkeit aufzufallen. Weder bezüglich ihrer Figur noch in den Kleidern und Accessoires scheint Anna irgendwelchen persönlichen Wunschbildern zu folgen, ausser dem Bedürfnis nach Unauffälligkeit. Wahrscheinlich traut sie sich einen eigenen, geschweige denn kreativen Stil in ihrer Erscheinung und in ihrem Ausdruck nicht zu.

Das *persönliche Ausdrucksprofil* von Anna ist:

Bewegungsmuster	ruhig	spannungsarm	kraftlos	
Körperbeziehung	natürlich	unverstellt	unbeachtet	
Kleiderbeziehung	funktional	einfach	angepasst	einheitlich / gepflegt

5. Beispiel: Roman, 28-jährig

Persönliches Eindrucksbild
Roman betreibt intensiv Bodybuilding und hat nach fünf Jahren Training beachtlich an Muskelpaketen zugelegt, wobei zu sagen ist, dass er mit allerlei Nahrungszusätzen nachhalf. Vor einigen Monaten liess sich Roman mit einer Transplantation seinen schwindenden Haarwuchs korrigieren. Was die Bekleidung angeht, sieht man Roman beinahe ausschliesslich im engen T-Shirt, was seine Muskeln zur Geltung bringt. Seit zwei Jahren schmücken einige Tattoos seine Arme und seinen Rücken.

Roman wirkt in seinen Bewegungen wenig dynamisch und kaum spontan. So wie er geht und sich ausdrückt, erscheint er eher als kraftlos, oder gehemmt, was sehr im Kontrast steht zu seinem sportlichen, muskulösen Body.

Psychologische Interpretation
Der spannungslos wirkende Bewegungsausdruck führt zur Vermutung, dass Roman anlagemässig entweder wenig lebendiges Temperament besitzt, oder dass ein unsicheres Selbstvertrauen seine Lebendigkeit hemmt. Trifft dies zu, so liegt die Vermutung nahe, dass er seinen Selbstwert mit der Ausgestaltung seines Körpers zu stärken bestrebt ist, wofür er viel diszipli- nierten Trainingsaufwand betreibt. Offensichtlich geht sein Wunschbild in die Richtung des muskulösen Aussehens, eine Interpretation, die durch die Tatsache unterstrichen wird, dass Roman durch das regelmässige Tragen

von T-Shirts seinen Body gerne sichtbar macht. Dies allein genügt ihm jedoch nicht. Zusätzlich korrigiert er seinen nachlassenden Haarwuchs und verziert sich mit Tattoos, wohl ebenfalls um einem Wunschbild zu folgen, was – und somit schliesst sich der Kreis – möglicherweise ebenfalls auf unsichere oder unzufriedene Selbstwertgefühle hindeutet.

Das *persönliche Ausdrucksprofil* von Roman können wir umschreiben mit:

Bewegungsmuster	unlebendig	unspontan	gehemmt	kraftlos
Körperbeziehung	beachtet	kontrolliert	darstellend	künstlich
Kleiderbeziehung	darstellend	einheitlich		

6. Beispiel: Milena, 46-jährig

Persönliches Eindrucksbild
Milena ist spontan, sehr lebhaft, immer in Bewegung, gerne überall dabei. Sie kann kaum stillsitzen, hat keine Ruhe, wirkt oft aufgedreht. Bezüglich ihrer Bekleidung gilt Milena als schillernde Persönlichkeit, nicht festzulegen in Stil und Mode, einmal so, dann wieder ganz anders, meistens extrem. Dazu passt, dass sie sich kunstvoll schminkt, oft überraschend, immer auffällig.

Dass Milena – wie sie selber sagt – eine Geniesserin ist und nicht allzu sehr auf ihre Figur und ihre Ernährung achtet, sieht man sofort. Ob ihr dies egal ist oder ob sie sich daran stört, ist nicht erkennbar, weil sie nicht darüber spricht.

Psychologische Interpretation
Milena hat zweifellos lebendiges Temperament, und sie lebt dieses spontan. Ihre dauernde Bewegtheit wirkt allerdings überspannt, ohne Phasen der ruhigen Gelassenheit. Sie strebt danach, überall dabei zu sein, möglicherweise weil das ruhige Zurücktreten sie einsam und unsicher machen würde. Ihre extreme Art, sich zu kleiden und zu schminken, macht zusätzlich aufmerksam auf sie. Nicht gesehen und beachtet zu werden, könnte für

47

Milena schwierig sein. Die immer wieder wechselnde und überraschende Auffälligkeit ihrer Erscheinung spricht einerseits für Kreativität, kann aber anderseits auch hindeuten auf eine unsichere Eigenlinie in ihrer Persönlichkeit.

Ihr körperliches Aussehen beachtet Milena offenbar wenig, weil es ihr nicht wichtig zu sein scheint. Oder weil sie es als Geniesserin aufgegeben hat, darauf zu achten, da ihr die Kontrolle über das Essen und ihre Figur nicht gelingt.

Als *persönliches Ausdrucksprofil* für Milena halten wir fest:

Bewegungsmuster	lebendig	spontan	überspannt	unruhig
Körperbeziehung	unbeachtet	unkontrolliert	aufgesetzt	
Kleiderbeziehung	darstellend	maniert	uneinheitlich	kreativ

7. Beispiel: Sarah, 51-jährig

Persönliches Eindrucksbild
Sarah ist in ihren Bewegungen, ihrer Gangart und in ihrer Gestik spontan, aber auf gelassen anmutende Art. Sie ist mit viel Begeisterung engagiert in allem, was sie tut. Man gewinnt den Eindruck, dass bei ihr alles harmonisch abläuft und deshalb leicht wirkt, wobei in dieser Leichtigkeit durchaus Elan und Kraft liegen, vor allem wenn sie viel zu tun hat.

Sarah ernährt sich sehr bewusst. Trotz viel Arbeit achtet sie darauf, Bewegung zu haben. Ihre Wege geht sie wenn immer möglich zu Fuss, und sie pflegt ihre regelmässige Gymnastik. Man sieht Sarah sportlich gekleidet, was zu ihr passt. Viele attestieren ihr einen guten Geschmack, bezüglich ihrer Kleider, aber auch im Schmuck, den sie trägt und in ihrem Makeup.

Psychologische Interpretation
Sarah verbindet ihre aktive, begeisterungsfähige Dynamik mit Ruhe. Sie wirkt intensiv und gleichzeitig gelassen, auch bei viel Engagement. Darin

deutet sich ein ausgewogener Energiehaushalt an und, als Ursache, ein gutes Selbstvertrauen, so dass Sarah in dem, was sie tut, locker bleibt. Sie verbindet diese Lockerheit mit Leistungsspannkraft, aber eben auf ruhige, leicht wirkende Art.

Sarah achtet auf ihren Körper, auf ihre Gesundheit, und sie tut dies auf moderate, natürliche Art, ohne zu übertreiben. In ihrer Bekleidung, ihrem Schmuck und in ihrem Make-up verrät sie einen einheitlichen, einfachen, gepflegten und gemäss dem Urteil anderer zu ihr passenden Stil. Damit unterstreicht sie die Eigenständigkeit ihrer Persönlichkeit. Sarah hat es nicht nötig, sich mit besonderen Auffälligkeiten in Szene zu setzen. Sie wirkt authentisch.

Sarahs *persönliches Ausdrucksprofil* lässt sich zusammenfassen mit:

Bewegungsmuster	gelöst	leicht	ruhig	gespannt
Körperbeziehung	natürlich	authentisch	beachtet	gepflegt
Kleiderbeziehung	funktional	einheitlich	einfach	eigengeprägt

5
Wie ich mich selber sehe – und sehen möchte? Anleitung zur Selbsterkenntnis und Selbstgestaltung

Dieses Kapitel bietet eine Möglichkeit, wie Sie, geschätzte Leserinnen und Leser, sich selber reflektieren können. In der Art und Weise, wie Sie sich bewegen, wie Sie mit Ihrem Körper umgehen und wie Sie Ihre Bekleidung und Ihre Accessoires gestalten, äussert sich Ihre Persönlichkeit. Vielen Menschen ist dieser persönliche Ausdruck sehr bewusst, anderen weniger. Die Auseinandersetzung damit fördert die Selbsterkenntnis, das Bewusstmachen öffnet den Weg zu Lernprozessen und Veränderungen, falls diese gewünscht werden. Die folgenden Ausführungen schlagen einen konkreten Weg vor.

Mein Bewegungsmuster

Stellen Sie sich folgende Frage:

Wie sehen und erleben Sie sich in Ihren Bewegungen, das heisst in Ihrem Gang, Ihrer Gestik, Ihrer Mimik, Ihren Handlungen?

Bei dieser Frage werden Sie sagen, dass Ihre Bewegungen je nach Situation, Tätigkeit, Zielsetzung, Motivation und Stimmung unterschiedlich sind, was zweifellos zutrifft.
Dennoch:
Gehen Sie aus von der Annahme, dass es bei allen Menschen, so auch bei Ihnen, eine Gemeinsamkeit in Ihren Bewegungen gibt, ein Muster, einen roten Faden, geprägt von einem individuellen Energiefluss, der all Ihre Bewegungen „belebt". Möglich ist, dass Sie diesen roten Faden Ihres Bewegungsmusters als einheitlich erleben, oder dass Sie zur Überzeugung kommen, dass er uneinheitliche Züge hat, zum Beispiel wechselnd zwi-

schen lebendig und unlebendig, oder zwischen unterspannt und über-spannt, doch eben gesamthaft einem für Sie typischen Muster folgend.

Versuchen Sie, die Gemeinsamkeiten in Ihrem Bewegungsmuster zu finden, durch Selbstbeobachtung und dadurch, dass Sie sich in Ihre Bewegungen einfühlen. Einfach ist diese Aufgabe nicht. Es kann Ihnen helfen, wenn Sie sich auch vergegenwärtigen, wie andere Menschen, die Sie gut kennen, Ihren Bewegungsausdruck wahrnehmen.

Wenn Ihnen Ihr individuelles Bewegungsmuster bewusst ist, so machen Sie folgende drei Schritte:

- *Erstens:* Kreuzen Sie bei den folgenden sechs Bewegungsmustern an, welche Eigenschaften am ehesten auf Ihr persönliches Bewegungsmuster zutreffen.
- *Zweitens*: Kreuzen Sie bei den anschliessenden psychologischen Interpretationen jene an, von denen Sie glauben, dass sie auf Sie zutreffen.
- *Drittens*: Fassen Sie Ihre Erkenntnisse in Worte und notieren Sie, was Sie allenfalls lernen oder verändern möchten. Versuchen Sie, Ihre Wünsche Schritt für Schritt im Alltag umzusetzen. Je konkreter Sie sich in Ihrem Bewegungsmuster erkennen und Ihre Lernwünsche definieren, desto besser gelingen die Umsetzungsschritte.

1. Mein Bewegungsmuster ist:

☐ lebendig

☐ spontan

☐ temperamentvoll

☐ rasch

☐ unruhig

Von den vorgeschlagenen Interpretationen treffen auf mich zu:

☐ Lebendigkeit des Temperaments

Ich bin von Natur aus lebendig und temperamentvoll.

☐ Emotionale Spontaneität

Ich äussere mich in meinen Gefühlen spontan.

☐ Begeisterungsfähigkeit

Ich kann mich begeistern und bringe dies zum Ausdruck.

☐ Bewegungs- und Funktionslust

Ich unternehme viel und bewege mich gerne und oft.

☐ Selbstvertrauen

Mein Selbstvertrauen gibt mir den Mut, mich lebendig und spontan zu bewegen.

☐ Emotionale und affektive Unruhe, Impulsivität, Nervosität

Ich bin oft unruhig in der Art, wie ich mich bewege und mich ausdrücke.

☐ Mangelnde Selbstkontrolle und Selbstbeherrschung

Meine Gefühle und Affekte führen zu unkontrollierten Bewegungen. Ich habe mich öfters nicht im Griff.

2. Mein Bewegungsmuster ist:

☐ wenig lebendig
☐ wenig spontan
☐ kontrolliert
☐ ruhig
☐ langsam

Von den vorgeschlagenen Interpretationen treffen auf mich zu:

☐ Verhaltenheit im Temperament

Ich habe ein verhaltenes Temperament.

☐ Ausgeglichene, ruhige Emotionen und Stimmungen

Ich bin emotional ausgeglichen und ruhig in meinen Gefühlen und Stimmungen.

☐ Geringe Begeisterungsfähigkeit, Unlust, Desinteresse, mangelnde Motivation

Ich bin nicht so rasch zu begeistern. Ich fühle auch Unlust und wenig Motivation.

☐ Geringe Bewegungs- und Funktionslust

Ich habe wenig Bewegungsbedürfnis, öfters auch wenig Lust, etwas anzupacken.

☐ Überkontrollierte Emotionen und Stimmungen

Ich kontrolliere meine Emotionen und Stimmungen oft zu sehr.

☐ Unsicherheit im Selbstvertrauen

Ich fühle mich oft unsicher, was meine Lebendigkeit hemmt.

☐ Ausgeprägte Sachlichkeit, rationale Kontrolle, Nüchternheit, Kopflastigkeit

Ich bin eher der sachlich-rationale Typ, ziemlich kopflastig, was die Spontaneität meines persönlichen Ausdrucks einschränkt.

☐ Ausgeprägter Wille, Disziplin

Mein starker Wille und meine Disziplin führen zu hoher emotionaler Kontrolle.

☐ Ausgeprägte Kontrolle durch ethische und moralische Leitwerte

Meine Ethik und Moral lenken meine Gefühle und hemmen meine Spontaneität.

3. *Mein Bewegungsmuster ist:*

☐ gelöst

☐ locker

☐ leicht

☐ schwebend

☐ fliessend

Von den vorgeschlagenen Interpretationen treffen auf mich zu:

☐ Ausgewogenheit im Zusammenwirken physischer, psychischer und mentaler Energien.

Ich spüre, wie meine Bewegungen fliessen, weil alles in mir im guten Fluss ist.

☐ Lockere Umsetzung aller psychischen Energien, Unkompliziertheit, Flexibilität

Es gelingt mir leicht, meine Energien ein- und umzusetzen. Ich packe unkompliziert an und bewege mich dadurch auch flexibel.

☐ Ausgewogenheit zwischen Antrieb (Emotion, Temperament) und Steuerung (durch das Denken, den Willen, durch Gebote und Normen)

Ich kann je nach Situation emotional spontan oder auch sehr kontrolliert sein.

☐ Ausgewogenheit im Verhältnis von Anspannung (Leistung, Einsatz, Engagement) und Entspannung (Erholung, Loslassen)

Ich finde den ausgewogenen Mix zwischen hoher Anstrengung sowie dem Loslassen und der Erholung.

☐ Gelassenheit, Selbstvertrauen, positive Erwartung an die eigene Selbstwirksamkeit, Belastbarkeit

Ich bewege mich locker und sicher, weil ich darauf vertraue, dass es gut kommt.

☐ Zuversicht, Offenheit für Neues und für Veränderung

Ich gehe offen auf Neues zu, schätze Herausforderung, stelle mich leicht darauf ein.

☐ Entscheidungsbereitschaft- und Fähigkeit

Ich habe keine Mühe, zu entscheiden und tue das auch gerne.

4. *Mein Bewegungsmuster ist:*

☐ gespannt

☐ schwungvoll

☐ elastisch

☐ kraftvoll

☐ intensiv

Von den vorgeschlagenen Interpretationen treffen auf mich zu:

☐ Gespannte Verbindung von Antrieb und Steuerung, das heisst von Temperament, Emotionalität einerseits und Selbstkontrolle durch das Denken, den Willen, die Disziplin und ethisch-moralische Leitwerte anderseits.

Es gelingt mir, mein hohes emotionales Engagement für meine Aufgaben und mein Temperament mit Sachverstand und Disziplin zu verbinden. Ausserdem halte ich mich für sehr pflichtbewusst und zuverlässig, weil mir das wichtig ist.

☐ Dynamische, kraftvolle Umsetzung aller persönlichen Energien

Meine Energie fliesst voll und ganz in meine Aufgaben und Ziele. Ich schöpfe meine Möglichkeiten aus, was mich sehr motiviert.

☐ Gespanntes Verhältnis von intensivem Engagement (Einsatz, Leistung, Konzentration der Kräfte) und Entspannung (Erholung, Loslassen, Regeneration der Kräfte)

Ich kann gut wechseln zwischen intensivem Einsatz und hoher Konzentration einerseits sowie dem Lockerlassen und Ausspannen anderseits.

☐ Selbstvertrauen, Belastbarkeit

Meine Arbeit spannt mich sehr ein, und ich investiere viel Energie. Weil ich mich aber in dem, was ich tue, sicher fühle, verkrafte ich auch hohen Druck.

5. Mein Bewegungsmuster ist:

- ☐ überspannt
- ☐ angespannt
- ☐ verspannt
- ☐ verkrampft
- ☐ blockiert

Von den vorgeschlagenen Interpretationen treffen auf mich zu:

☐ Angespannte Verbindung von Antrieb und Steuerung, das heisst von Temperament und Emotionalität einerseits sowie Selbstkontrolle durch das Denken, den Willen, die Disziplin oder ethisch-moralische Leitwerte anderseits

Ich bewege mich oft zu angespannt und verspannt, empfinde mich auch so.

☐ Unsicherheit, Zweifel, Ängste, Misstrauen im Selbstwert, wobei diese kompensiert werden mit Eigenschaften wie: Überzogener Ehrgeiz, Verkrampfung, Geltungs- oder Dominanzstreben, überstarkes Pflichtgefühl, Perfektionismus, überhöhte Eigenerwartungen

Ich fühle und bewege mich verspannt, weil ich unsicher bin. Ich neige dazu, meine Unsicherheiten und Ängste zu kompensieren mit verspannten Anstrengungen.

☐ Angestrengte, überspannte Betriebsamkeit, Ratlosigkeit, Gehetztheit

Ich empfinde mich öfters als überspannt, betriebsam, rastlos, gehetzt.

☐ Anspannung in Form von Beharrlichkeit, Starrheit, mangelnde Flexibilität, Blockade

Ich neige zur starren Haltung, bin oft nicht flexibel, bisweilen blockiert.

6. Mein Bewegungsmuster ist:

- ☐ unterspannt
- ☐ spannungsarm
- ☐ gehemmt
- ☐ schlaff
- ☐ kraftlos

Von den vorgeschlagenen Interpretationen treffen auf mich zu:

☐ Spannungsarme Verbindung von Antrieb und Steuerung, das heisst von Temperament und Emotionalität einerseits sowie Selbstkontrolle durch das Denken, den Willen, die Disziplin oder ethisch-moralische Leitwerte anderseits

Ich bewege mich oft kraftlos, gehemmt, ohne Spannung.

☐ Unsicherheit, Zweifel, Ängste, Misstrauen im Selbstwert, was zu einem Energie-Rückzug führt, zur reduzierten Anstrengung und anderen Eigenschaften wie: Geringe Dynamik, Übervorsicht, Passivität, Ambivalenz im Entscheiden, Scheu vor Verantwortung, reaktives Verhalten, Resignation

Ich bewege mich gehemmt, oder übervorsichtig, oder zaudernd, weil ich ängstlich bin, rasch an mir zweifle, mich oft hinterfrage, mich unsicher fühle.

☐ Bequemlichkeit oder Verwöhnung

Ich bewege mich undynamisch und schwunglos oder bequem, weil ich nicht gelernt habe, auf meine Kraft zu vertrauen.

Fassen Sie am Schluss Ihr Bewegungsmuster zusammen, in dem Sie alle angekreuzten Eigenschaften Ihres Bewegungsmusters aneinanderreihen:

....

....

....

Versuchen Sie nun, die psychologischen Interpretationen, die Sie ange-kreuzt haben, mit Stichworten oder in kurzen Sätzen zusammenzufassen und zu kommentieren.

Notieren Sie zusätzlich, falls Sie es wünschen, was Sie gerne und kon-kret lernen oder verändern möchten.

....

....

....

....

....

....

....

Meine Körperbeziehung

Stellen Sie sich folgende Frage:

Wie sehen und beurteilen Sie Ihre Beziehung zu Ihrem Körper?

Auch bei dieser Frage ist die Antwort nicht einfach, da Sie wahrscheinlich der Überzeugung sind, dass diese Beziehung öfters wechselt, je nach dem, wie Sie sich fühlen, in welcher Lebenslage und momentanen Situation Sie sich befinden.
Dennoch:

Gehen Sie von der Annahme aus, dass es grundsätzliche Aspekte Ihrer Beziehung zu Ihrem Körper gibt und dass diese Beziehung einen psycho-logischen Zusammenhang hat mit Ihrer Persönlichkeit. Auch diese grund-sätzlichen Aspekte Ihrer Beziehung zu Ihrem Körper können einheitlich sein oder uneinheitliche Züge aufweisen, zum Beispiel wechselnd zwischen na-türlich und darstellend oder zwischen beachtet und nicht beachtet.

Versuchen Sie durch kritische Selbstbeobachtung diese Zusammenhänge zu finden, indem Sie:

- *Erstens*: bei den folgenden vier Arten der Körperbeziehung ankreuzen, welche Eigenschaften auf Sie zutreffen.

- *Zweitens*: bei den anschliessenden psychologischen Interpretationen jene ankreuzen, von denen Sie glauben, dass sie auf Sie zutreffen.

- *Drittens:* Fassen Sie Ihre Erkenntnisse in Worte und notieren Sie, was Sie lernen, verändern möchten. Versuchen Sie, Ihre Wünsche Schritt für Schritt im Alltag umzusetzen. Je konkreter Sie die Beziehung zu Ihrem Körper erkennen und Ihre Lernwünsche definieren, desto besser gelingen die Umsetzungsschritte.

1. Meine Körperbeziehung ist:

☐ natürlich

☐ ehrlich

☐ echt

☐ authentisch

☐ unverstellt

Von den vorgeschlagenen Interpretationen treffen auf mich zu:

☐ Natürlichkeit, Echtheit, Authentizität

Ich stehe zu meinen körperlichen Eigenschaften, meiner Statur und Figur.

☐ Selbstsicherheit durch Selbstakzeptanz

Ich fühle mich selbstsicher in und mit meinem Körper.

☐ Geringe Beachtung und Bewertung des eigenen Körpers

Ich schaue wenig auf meinen Körper, gebe ihm wenig Gewicht.

2. Meine Körperbeziehung ist:

☐ dargestellt

☐ künstlich

☐ aufgesetzt

☐ unecht

☐ maniert

Von den vorgeschlagenen Interpretationen treffen auf mich zu:

☐ Ästhetische Wunschbilder bezüglich des Körpers und seiner Erscheinung

Ich stelle meinen Körper so dar, wie ich ihn sehen möchte, wie er meiner Vorstellung, meinem Wunsch, meinem Ideal entspricht.

☐ Unsicherheiten im Selbstwert, die mit künstlichen Mitteln kompensiert werden sollen, mit dem Ziel, sich mit dem eigenen Körper sicherer zu fühlen, oder nach aussen eine Wirkung zu erzielen, die den Selbstwert zu steigern verspricht

Ich fühle mich in und mit meinem Körper unsicher und verändere ihn deshalb so, dass er mir besser gefällt, oder dass mein Eindruck auf andere meine Selbstsicherheit stärkt.

3. Meine Körperbeziehung ist:

☐ kontrolliert

☐ beachtet

☐ besorgt

☐ geschont

☐ gepflegt

Von den vorgeschlagenen Interpretationen treffen auf mich zu:

☐ Beachtung des Körpers im Sinne der Gesunderhaltung und Pflege

Ich achte auf körperliche Gesundheit, auf genügend Bewegung und gute Ernährung.

☐ Erhaltung eines positiven körperlichen Selbstwertgefühls

Ich sorge bewusst dafür, dass ich mich in und mit meinen Körper wohl und sicher fühle.

☐ Ästhetische Wunschbilder bezüglich der eigenen körperlichen Erscheinung

Ich sorge dafür, dass mein Körper so aussieht, wie ich es mir wünsche.

4. Meine Körperbeziehung ist:

☐ unkontrolliert

☐ unbeachtet

☐ sorglos

☐ vernachlässigt

☐ ungepflegt

Von den vorgeschlagenen Interpretationen treffen auf mich zu:

☐ Geringe Beachtung, Vernachlässigung, Sorglosigkeit, Ungepflegtheit

Ich achte und sorge mich wenig oder gar nicht auf beziehungsweise um meinen Körper, pflege ihn wenig.

☐ Mangelnder Wille oder geringe Disziplin

Es fehlen mir Wille und Disziplin in der Kontrolle und Pflege meines Körpers.

☐ Geringe Beachtung oder Vernachlässigung des Körpers aus Unzufriedenheit oder Unsicherheit über das eigene Körperbild

Ich bin unzufrieden mit meinem Körper und habe es aufgegeben, mich um ein körperliches Wunschbild zu bemühen.

☐ **Unkontrolliertes Suchtverhalten**

Ich kontrolliere mich wenig in Bezug auf meinen Körper, weil ich meine Sucht nicht im Griff habe.

Fassen Sie am Schluss Ihre Körperbeziehung zusammen, in dem Sie alle angekreuzten Eigenschaften Ihrer Körperbeziehung aneinanderreihen:

....

....

Versuchen Sie nun, Ihre psychologischen Interpretationen in Stichworten oder in kurzen Sätzen zu kommentieren.

Notieren Sie, wenn Sie es wünschen, was Sie gerne und konkret lernen oder verändern möchten.

....

....

....

....

....

....

....

....

Meine Kleiderbeziehung

Stellen Sie sich folgende Frage:

Wie sehen und beurteilen Sie Ihre Beziehung zu Ihren Kleidern und Ihren Accessoires?

Sie empfinden es zweifellos auch als sehr schwierig, diese Fragen zu überlegen, weil Sie sich vermutlich ziemlich unterschiedlich kleiden, je nach Situation und Stimmung oder auch hinsichtlich der Erwartungen, mit denen Ihr Auftritt verbunden ist.
Dennoch:

Gehen Sie von der Annahme aus, dass es grundsätzliche Aspekte Ihrer Beziehung zu Ihren Kleidern und Ihren Accessoires gibt und dass diese Beziehung einen psychologischen Zusammenhang hat mit Ihrer Persönlichkeit. Auch diese grundsätzlichen Aspekte Ihrer Beziehung zu Ihrer Bekleidung können einheitlich sein oder uneinheitliche Züge aufweisen, zum Beispiel wechselnd zwischen zweckmässig und darstellend oder zwischen normgeprägt und individuell.

Versuchen Sie durch kritische Selbstbeobachtung diese Zusammenhänge zu finden, indem Sie:

- *Erstens*: bei den folgenden sechs Arten der Kleiderbeziehung ankreuzen, welche Eigenschaften auf Sie zutreffen.

- *Zweitens*: bei den anschliessenden psychologischen Interpretationen jene ankreuzen, von denen Sie glauben, dass sie auf Sie zutreffen.

- *Drittens*: Fassen Sie Ihre Erkenntnisse in Worte und notieren Sie, was Sie lernen, verändern möchten. Versuchen Sie, Ihre Wünsche Schritt für Schritt im Alltag umzusetzen. Je konkreter Sie die Beziehung zu Ihren Kleidern erkennen und Ihre Lernwünsche definieren, desto besser gelingen die Umsetzungsschritte.

1. Meine Kleiderbeziehung ist:

☐ funktional

☐ zweckmässig

☐ einfach

☐ praktisch

☐ unbeachtet

Von den vorgeschlagenen Interpretationen treffen auf mich zu:

☐ Nichtbeachtung, Vernachlässigung der Bekleidung

Ich achte wenig auf meine Kleider und auf Accessoires.

☐ Mangelndes Bedürfnis nach Bekleidungsästhetik, nach Stil und Mode

Kleidermode bedeutet mir wenig bis nichts. Kleider müssen für mich zweckmässig sein.

☐ Unsicherheit bezüglich der Bekleidungsästhetik

Ich kleide mich einfach und zweckmässig, weil ich mich punkto Mode unsicher fühle, wenig Gespür habe für das, was mir steht oder nicht steht.

☐ Selbstsicherheit ohne Beachtung der Bekleidung

Ich fühle mich selbstsicher auch ohne auf die Kleider besonderen Wert zu legen.

2. Meine Kleiderbeziehung ist:

☐ darstellend

☐ ästhetisiert

☐ künstlich

☐ vorgezeigt

☐ aufgesetzt

Von den vorgeschlagenen Interpretationen treffen auf mich zu:

☐ Ästhetisches Empfinden und/oder Bedürfnis nach Bekleidungsästhetik, Freude an Stil und Mode

Ich achte auf die Ästhetik meiner Kleider und meiner Accessoires, weil es mir
wichtig ist und weil ich ein Gespür dafür habe.

☐ Bedürfnisse nach Selbstdarstellung mittels der Bekleidung, Beachtung der Wirkung auf andere

Ich zeige und präsentiere mich gerne in meinen Kleidern und Accessoires, achte
darauf, wie andere mich wahrnehmen.

☐ Kompensation innerer Unsicherheiten durch äusseren Schein, durch
Maske und Fassade

Ich will mit meiner Kleidermode und meinen Accessoires sicherer erscheinen, als
ich es bin, und ich will beachtet werden.

3. Meine Kleiderbeziehung ist:

☐ einheitlich

☐ klar im Stil

☐ linientreu

☐ fassbar

☐ eindeutig

Von den vorgeschlagenen Interpretationen treffen auf mich zu:

☐ Beachtung der ästhetischen Einheitlichkeit, der eigenen Linie in Stil
und Mode

Ich lege in meiner Bekleidung und in meinen Accessoires Wert auf meine ästhetische Linie.

☐ Gespür für Mode und Stil

Ich habe ein gutes Flair für Mode.

☐ Einheitlichkeit des Bekleidungsstils als Ausdruck der persönlichen Identität

Mein einheitlicher Kleidungsstil verkörpert die Einheitlichkeit meiner Persönlichkeit.

4. Meine Kleiderbeziehung ist:

☐ uneinheitlich

☐ unklar im Stil

☐ wechselhaft

☐ nicht fassbar

☐ vieldeutig

Von den vorgeschlagenen Interpretationen treffen auf mich zu:

☐ Nicht-Beachtung der ästhetischen Einheitlichkeit

Ich trage meine Kleider, wie es gerade kommt, achte wenig darauf.

☐ Unsicherheit in der Bekleidungsästhetik

Ich glaube, dass ich mich unterschiedlich kleide, weil ich mich bezüglich Mode und Stil unsicher fühle.

☐ Mangel an Gespür und Flair für Stil und Mode

Ich habe in Sachen Bekleidung eher wenig Gespür.

☐ Uneinheitlichkeit des Bekleidungsstils als Ausdruck einer uneinheitlichen oder unsicheren persönlichen Identität

Meine Bekleidung und meine Accessoires wechseln ohne klare Linie, was durchaus auch meiner Persönlichkeit entspricht, welche ich ebenfalls als nicht sehr einheitlich und in der Orientierung als unsicher erlebe.

5. Meine Kleiderbeziehung ist:

☐ normgeprägt

☐ angepasst

☐ unpersönlich

☐ konventionell

☐ traditionell

Von den vorgeschlagenen Interpretationen treffen auf mich zu:

☐ Unsicherheit im persönlichen Bekleidungsstil

Ich halte mich an die unauffällige, allgemeine Kleidernorm, weil ich unsicher bin, welche Kleider und welche Accessoires zu mir passen.

☐ Orientierung des Verhaltens an gängiger Norm, Konvention und Tradition

Ich orientiere mich an dem, wie andere sich kleiden und wie es üblich ist.

☐ Anpassung an Erwartungen des Umfeldes

Ich achte in meiner Mode darauf, den Erwartungen meines Umfeldes zu entsprechen.

☐ Streben nach Unauffälligkeit

Ich kleide mich so, dass ich nicht auffalle.

☐ Unsicherheit in der persönlichen Identität

Ich empfinde mich als unsicher in meiner persönlichen Orientierung, weiss wenig, was ich wirklich will und wer ich bin oder sein will, weshalb auch meine Bekleidung eher unpersönlich und angepasst ist.

6. Meine Kleiderbeziehung ist:

☐ eigengeprägt

☐ individuell

- ☐ persönlich
- ☐ unkonventionell
- ☐ kreativ

Von den vorgeschlagenen Interpretationen treffen auf mich zu:

☐ Bedürfnisse nach einem individuellen Bekleidungsstil

In meiner Bekleidung kann und will ich mein persönliches ästhetisches Bedürfnis zum Ausdruck bringen.

☐ Persönliche Eigenständigkeit

Die Individualität meiner Persönlichkeit spiegelt sich in der Art meiner Bekleidung und meiner Accessoires.

☐ Kreatives Flair für Bekleidung

Ich empfinde mich als kreativ und bringe dies in meinen Kleidern und in meinen Accessoires zum Ausdruck.

☐ Bedürfnis nach Aussenwirkung und individueller Selbstdarstellung

Ich möchte in meinen Kleidern als individuell wahrgenommen werden.

☐ Bedürfnis nach Unkonventionalität

Ich kleide mich ganz bewusst unkonventionell, weil ich so sein und erscheinen möchte.

Fassen Sie am Schluss Ihre Kleiderbeziehung zusammen, in dem Sie alle angekreuzten Eigenschaften aneinanderreihen:

....

....

....

Versuchen Sie, Ihre psychologischen Interpretationen in Stichworten oder in kurzen Sätzen zu erläutern.

Notieren Sie, was Sie gerne und ganz konkret lernen oder verändern möchten.

....

....

....

....

....

....

....

6
Beispiel einer Selbsteinschätzung

Im Folgenden finden Sie ein Beispiel, wie eine 36-jährige Frau sich selber einschätzt, ergänzt mit ihren persönlichen Kommentaren. Um zu kürzen stelle ich nur jene Aspekte ihrer Selbsteinschätzung vor, in denen sie Ankreuzungen vornahm. Auch verzichte ich auf die Wiederholung des Einführungstextes in die einzelnen Abschnitte zu den Themen Bewegungsmuster, Körper- und Kleiderbeziehung.

Persönliches Ausdrucksprofil einer 36-jährigen Frau

Erklärende Hinweise zur Einführung in die Selbsteinschätzung

Der Ausdruck unserer Persönlichkeit in Gangart, Handlungen, Gestik und Mimik ist individuell. Unsere Energien, körperliche, mentale und emotionale fliessen in unseren Ausdruck und damit in all unsere Bewegungen ein, zwar je nach Situation unterschiedlich, aber gesamthaft betrachtet einem Muster folgend, das für uns typisch ist.

Die Beziehung, die wir zu uns selber haben, nimmt Einfluss auf die Art und Weise, die wir mit unserem Körper umgehen und unsere Kleider gestalten, eingeschlossen zusätzliche Accessoires, welche die Bekleidung ergänzen.

Alle diese Einflüsse lenken wir zum Teil bewusst, oft geschehen sie aber unbemerkt. Sie bewusster zu machen, ist das Angebot, welches Ihnen die nachfolgende Selbsteinschätzung bietet. Sie leitet Sie an, Ihr persönliches Bewegungsmuster und Ihre Beziehung zu Ihrem Körper und zu Ihrer Bekleidung zu reflektieren und dadurch vertieft zu verstehen. Einsicht und Verständnis bilden die Basis, um Ihren persönlichen Ausdruck in Bewegung, Körper und Bekleidung aktiv zu gestalten, falls Sie dies wünschen.

Selbsteinschätzung Bewegungsmuster

Mein Bewegungsmuster ist:

- ☒ lebendig
- ☒ spontan
- ☒ temperamentvoll
- ☐ rasch
- ☒ unruhig

Von den vorgeschlagenen Interpretationen treffen auf mich zu:

☒ Lebendigkeit des Temperaments

Ich bin von Natur aus lebendig und temperamentvoll.

☒ Emotionale Spontaneität

Ich äussere mich in meinen Gefühlen spontan.

☒ Begeisterungsfähigkeit

Ich kann mich begeistern und bringe dies zum Ausdruck.

☒ Bewegungs- und Funktionslust

Ich unternehme viel und bewege mich gerne und oft.

☒ Selbstvertrauen

Mein Selbstvertrauen gibt mir den Mut, mich lebendig und spontan zu bewegen.

☒ Emotionale und affektive Unruhe, Impulsivität, Nervosität

Ich bin oft unruhig in der Art, wie ich mich bewege und ausdrücke.

☐ Mangelnde Selbstkontrolle und Selbstbeherrschung

Meine Gefühle und Affekte führen zu unkontrollierten Bewegungen. Ich habe mich öfters nicht im Griff.

Mein Bewegungsmuster ist:

☐ gelöst

☒ locker

☐ leicht

☐ schwebend

☒ fliessend

Von den vorgeschlagenen Interpretationen treffen auf mich zu:

☐ Ausgewogenheit im Zusammenwirken physischer, psychischer und mentaler Energien.

Ich spüre, wie meine Bewegungen fliessen, weil alles in mir im guten Fluss ist.

☒ Lockere Umsetzung aller psychischen Energien, Unkompliziertheit, Flexibilität

Es gelingt mir leicht, meine Energien ein- und umzusetzen. Ich packe unkompliziert an und bewege mich dadurch auch flexibel.

☐ Ausgewogenheit zwischen Antrieb (Emotion, Temperament) und Steuerung oder Kontrolle (durch das Denken, den Willen, durch Gebote und Normen)

Ich kann je nach Situation emotional spontan oder auch sehr kontrolliert sein.

☐ Ausgewogenheit im Verhältnis von Anspannung (Leistung, Einsatz, Engagement) und Entspannung (Erholung, Loslassen)

Ich finde den ausgewogenen Mix zwischen hoher Anstrengung sowie dem Loslassen und der Erholung.

☐ Gelassenheit, Selbstvertrauen, positive Erwartung an die eigene Selbstwirksamkeit, Belastbarkeit

Ich bewege mich locker und sicher, weil ich darauf vertraue, dass es gut kommt.

☒ Zuversicht, Offenheit für Neues und für Veränderung

Ich gehe offen auf Neues zu, schätze Herausforderung, stelle mich leicht darauf ein.

☒ Entscheidungsbereitschaft- und Fähigkeit

Ich habe keine Mühe, zu entscheiden und tue das auch gerne.

Mein Bewegungsmuster ist:

☒ gespannt

☐ schwungvoll

☐ elastisch

☒ kraftvoll

☒ intensiv

Von den vorgeschlagenen Interpretationen treffen auf mich zu:

☐ Gespannte Verbindung von Antrieb und Steuerung, das heisst von Temperament, Emotionalität einerseits und Selbstkontrolle durch das Denken, den Willen, die Disziplin und ethisch-moralische Leitwerte anderseits.

Es gelingt mir, mein hohes emotionales Engagement für meine Aufgaben und mein Temperament mit Sachverstand und Disziplin zu verbinden. Ausserdem halte ich mich für sehr pflichtbewusst und zuverlässig, weil mir das wichtig ist.

☒ Dynamische, kraftvolle Umsetzung aller persönlichen Energien

Meine Energie fliesst voll und ganz in meine Aufgaben und Ziele. Ich schöpfe meine Möglichkeiten aus, was mich sehr motiviert.

☐ Gespanntes Verhältnis von intensivem Engagement (Einsatz, Leistung, Konzentration der Kräfte) und Entspannung (Erholung, Loslassen, Regeneration der Kräfte)

Ich kann gut wechseln zwischen intensivem Einsatz und hoher Konzentration einerseits sowie dem Lockerlassen und Ausspannen anderseits.

☒ Selbstvertrauen, Belastbarkeit

Meine Arbeit spannt mich sehr ein, und ich investiere viel Energie. Weil ich mich aber in dem, was ich tue, sicher fühle, verkrafte ich auch hohen Druck.

Mein Bewegungsmuster ist:

☒ überspannt

☒ angespannt

☐ verspannt

☐ verkrampft

☐ blockiert

Von den vorgeschlagenen Interpretationen treffen auf mich zu:

☒ Angespannte Verbindung von Antrieb und Steuerung, das heisst von Temperament und Emotionalität einerseits sowie Selbstkontrolle durch das Denken, den Willen, die Disziplin oder ethisch-moralische Leitwerte anderseits

Ich bewege mich oft zu angespannt und verspannt, empfinde mich auch so.

☐ Unsicherheit, Zweifel, Ängste, Misstrauen im Selbstwert, wobei diese kompensiert werden mit Eigenschaften wie: Überzogener Ehrgeiz, Verkrampfung, Geltungs- oder Dominanzstreben, überstarkes Pflichtgefühl, Perfektionismus, überhöhte Eigenerwartungen

Ich fühle und bewege mich verspannt, weil ich unsicher bin. Ich neige dazu, meine Unsicherheiten und Ängste zu kompensieren mit verspannten Anstrengungen.

☒ Angestrengte, überspannte Betriebsamkeit, Ratlosigkeit, Gehetztheit

Ich empfinde mich öfters als überspannt, betriebsam, rastlos, gehetzt.

☐ Anspannung in Form von Beharrlichkeit, Starrheit, mangelnde Flexibilität, Blockade

Ich neige zur starren Haltung, bin oft nicht flexibel, bisweilen blockiert.

Fassen Sie am Schluss Ihr Bewegungsmuster zusammen, in dem Sie alle angekreuzten Eigenschaften Ihres Bewegungsmusters aneinanderreihen.

Mein Bewegungsmuster ist:

lebendig	tempera-mentvoll	fliessend	intensiv	überspannt	unruhig

Versuchen Sie, die psychologischen Interpretationen, die Sie angekreuzt haben, mit Stichworten oder in kurzen Sätzen zusammenzufassen und zu kommentieren.

Notieren Sie, was Sie gerne und ganz konkret lernen oder verändern möchten.

Meine temperamentvolle, begeisterungsfähige Dynamik hat viele Vorteile. Ich kann mich intensiv für meine Aufgaben engagieren und andere motivieren. Ich setze meine hohe Energie flexibel um und habe Freude an neuen Herausforderungen, bewege mich darin unkompliziert. Es gibt Phasen, in denen ich mich locker fühle und meine Energie leicht fliesst, aber oft auch solche, in denen ich mich als unruhig und trotz Selbstsicherheit als betriebsam und rastlos erlebe. Dann spüre ich eine erhöhte innere Angespanntheit und Getriebenheit. So nimmt mich, laut Feedbacks, öfters auch mein Umfeld wahr, was mir nicht gefällt.

Ich möchte mein Engagement und meine Dynamik ruhiger gestalten, mein Temperament vor allem in gewissen Situationen zurücknehmen. Dies würde mir helfen, zu mir selber und zu meinen Aufgaben mehr sachliche Distanz aufzubauen und auf andere ruhiger und geduldiger zu wirken.

Ich vermute, wenn ich ehrlich bin, dass mich nicht nur mein Temperament antreibt, sondern dass ich mir durch meine dynamische, aber eben auch angespannte Art immer etwas beweisen muss, so dass die ruhige Musse kaum Platz hat. Vielleicht bin ich im Grunde gar nicht so selbstsicher, wie ich es von mir annehme. Meine Schwester hat mir unlängst gesagt, warum ich immer so herumspringe, und sie meinte, dass mir ein Yogakurs gut täte.

Ich will meine Begeisterung beibehalten, aber ruhiger und sachlicher werden, mir mehr Zeit zur Ruhe geben, vermehrt Pausen einlegen, mit

Musse Bücher lesen, was ich eigentlich sehr gerne tue, wieder Klavier spielen, was ich früher regelmässig tat und was beruhigend auf mich wirkte.

Selbsteinschätzung Körperbeziehung

Meine Körperbeziehung ist:

- ☐ natürlich
- ☒ ehrlich
- ☐ echt
- ☐ authentisch
- ☒ unverstellt

Von den vorgeschlagenen Interpretationen treffen auf mich zu:

- ☒ Natürlichkeit, Echtheit, Authentizität

  Ich stehe zu meinen körperlichen Eigenschaften, meiner Statur und Figur.

- ☒ Selbstsicherheit durch Selbstakzeptanz

  Ich fühle mich selbstsicher in und mit meinem Körper.

- ☒ Geringe Beachtung und Bewertung des eigenen Körpers

  Ich schaue wenig auf meinen Körper, gebe ihm wenig Gewicht

Meine Körperbeziehung ist:

- ☐ unkontrolliert
- ☐ unbeachtet
- ☒ sorglos
- ☒ vernachlässigt
- ☐ ungepflegt

Von den vorgeschlagenen Interpretationen treffen auf mich zu:

☒ Geringe Beachtung, Vernachlässigung, Sorglosigkeit, Ungepflegtheit

Ich achte und sorge mich wenig oder gar nicht auf beziehungsweise um meinen Körper.

☒ Mangelnder Wille oder geringe Disziplin

Es fehlen mir Wille und Disziplin in der Kontrolle und Pflege meines Körpers.

☐ Geringe Beachtung oder Vernachlässigung des Körpers aus Unzufriedenheit oder Unsicherheit über das eigene Körperbild

Ich bin unzufrieden mit meinem Körper und habe es aufgegeben, mich um ein körperliches Wunschbild zu bemühen.

☐ Unkontrolliertes Suchtverhalten

Ich kontrolliere mich wenig in Bezug auf meinen Körper, weil ich meine Sucht nicht kontrollieren kann.

Fassen Sie am Schluss die Einschätzung Ihrer Körperbeziehung zusammen.

Meine Körperbeziehung ist:

ehrlich	unverstellt	sorglos	vernachlässigt

Versuchen Sie, Ihre psychologischen Interpretationen in Stichworten oder in kurzen Sätzen zu kommentieren.

Notieren Sie, was Sie gerne und ganz konkret lernen oder verändern möchten.

In der Regel habe ich keine Mühe mit meinem Körper. Ich nehme mich wie ich bin, stelle allerdings fest, dass ich dabei ziemlich sorglos bin. Ich achte wenig darauf und sollte vermutlich mit zunehmendem Alter meiner Gesundheit und meiner Figur mehr Sorge tragen, zum Beispiel in dem ich regelmässiger Sport treibe und besser auf die Ernährung achte. Dazu fehlen mir, wenn ich ehrlich bin, Wille und Disziplin, verbunden mit der Ausrede, dass ich dafür ja auch keine Zeit habe. Im Übrigen fühle ich mich in meinem Körper selbstsicher, wobei ich mich frage, ob das auch in Zukunft so sein wird, wenn ich Bewegung und Ernährung weiterhin vernachlässige. Mein Partner kritisiert mich dafür ab und zu, was ich nicht gerne höre. Vermutlich hat er aber recht. Er selber legt viel mehr Wert auf diese Aspekte und ich bewundere durchaus, wie er sich fit hält.

Ich will mein Verhalten ändern, bewusster kochen und essen sowie regelmässig joggen, was mir zweifellos hilft, meine angespannte Energie abzubauen. Vielleicht erleichtert mir dies sogar, vermehrt Ruhe und Musse zu pflegen, was ich mir ja ebenfalls vornehme.

Selbsteinschätzung Kleiderbeziehung

Meine Kleiderbeziehung ist:

- ☐ funktional
- ☒ zweckmässig
- ☐ einfach
- ☒ praktisch
- ☒ unbeachtet

Von den vorgeschlagenen Interpretationen treffen auf mich zu:

☒ Nichtbeachtung, Vernachlässigung der Bekleidung

Ich achte wenig auf meine Kleider und auf Accessoires.

☒ Mangelndes Bedürfnis nach Bekleidungsästhetik, nach Stil und Mode

Kleidermode bedeutet mir wenig bis nichts. Kleider müssen für mich zweckmässig sein.

☐ Unsicherheit bezüglich der Bekleidungsästhetik

Ich kleide mich einfach und zweckmässig, weil ich mich punkto Mode unsicher fühle, wenig Gespür habe für das, was mir steht oder nicht steht.

☒ Selbstsicherheit ohne Beachtung der Bekleidung

Ich fühle mich selbstsicher auch ohne auf die Kleider besonderen Wert zu legen.

Meine Kleiderbeziehung ist:

☒ uneinheitlich

☒ unklar im Stil

☐ wechselhaft

☐ nicht fassbar

☐ vieldeutig

Von den vorgeschlagenen Interpretationen treffen auf mich zu:

☒ Nicht-Beachtung der ästhetischen Einheitlichkeit

Ich trage meine Kleider, wie es gerade kommt, achte wenig darauf.

☒ Unsicherheit in der Bekleidungsästhetik

Ich glaube, dass ich mich unterschiedlich kleide, weil ich mich bezüglich Mode und Stil unsicher fühle.

☒ Mangel an Gespür und Flair für Stil und Mode

Ich habe in Sachen Bekleidung eher wenig Gespür.

☐ Uneinheitlichkeit des Bekleidungsstils als Ausdruck einer uneinheitlichen oder unsicheren persönlichen Identität

Meine Bekleidung und meine Accessoires wechseln ohne klare Linie, was durchaus auch meiner Persönlichkeit entspricht, welche ich ebenfalls als nicht als sehr einheitlich und in der Orientierung als unsicher erlebe.

Meine Kleiderbeziehung ist:

☒ normgeprägt

☐ angepasst

☐ unpersönlich

☐ konventionell

☐ traditionell

Von den vorgeschlagenen Interpretationen treffen auf mich zu:

☒ Unsicherheit im persönlichen Bekleidungsstil

Ich halte mich an die unauffällige, allgemeine Kleidernorm, weil ich unsicher bin, welche Kleider und welche Accessoires zu mir passen.

☐ Orientierung des Verhaltens an gängiger Norm, Konvention und Tradition

Ich orientiere mich an dem, wie andere sich kleiden und wie es üblich ist.

☐ Anpassung an Erwartungen des Umfeldes

Ich achte in meiner Mode darauf, den Erwartungen meines Umfeldes zu entsprechen.

☒ Streben nach Unauffälligkeit

Ich kleide mich so, dass ich nicht auffalle.

☐ Unsicherheit in der persönlichen Identität

Ich empfinde mich als unsicher in meiner persönlichen Orientierung, weiss wenig, was ich wirklich will und wer ich bin oder sein will, weshalb auch meine Bekleidung eher unpersönlich und angepasst ist.

Fassen Sie am Schluss die Einschätzung ihrer Kleiderbeziehung zusammen.

Meine Kleiderbeziehung ist:

zweckmässig	unbeachtet	uneinheitlich	unklar im Stil	normgeprägt

Versuchen Sie, Ihre psychologischen Interpretationen in Stichworten oder in kurzen Sätzen zu erläutern.

Notieren Sie, was Sie gerne und ganz konkret lernen oder verändern möchten.

Kleider sind ein Thema, das mich bis heute minimal beschäftigt hat. Ich achte kaum darauf, kleide mich eher, wie es gerade kommt, zweckmässig und praktisch, ohne einheitlichen, klar erkennbaren Stil. Ich glaube, dass ich mit meiner Kleidung mehr oder weniger den gängigen Normen entspreche, denn ich möchte nicht negativ auffallen. Leider führt die Art, mich zu bekleiden dazu, dass ich wenig auf modische und ästhetische Aspekte Wert lege, was mir von Freundinnen auch schon gesagt wurde und was mein Partner an mir nicht so schätzt. Für meinen Auftritt in beruflichen, vielleicht auch privaten Situationen wäre es wahrscheinlich wünschenswert, dass ich meine Kleider und Accessoires bewusster auswähle, mehr auf Einheitlichkeit achte und einen Stil finde, der zu mir passt. Ich fühle mich in diesem Bereich halt auch unsicher, traue mir nicht so viel Gespür zu. Ich fand es bis anhin für meine Selbstsicherheit auch nicht wichtig, auf Kleider und Schmuck besonderen Wert zu legen. Ich habe andere Frauen für ihr modisches Getue öfters belächelt oder dann ihr Flair bewundert. Ich muss nun ehrlicherweise feststellen, dass diese ästhetischen Aspekte halt doch nicht ganz unwichtig sind und dass schöne Mode, die zu einem passt, auch Freude machen kann.

Ich könnte eine Stil-Beratung in Anspruch nehmen, so wie es eine Freundin von mir tat, was sich bei ihr ohne Frage positiv auswirkt. Meinen Partner würde es zweifellos freuen, wenn ich mehr auf meine Mode achten würde.

Hinweis auf andere Beispiele persönlicher Ausdrucksprofile

Im eben dargelegten Beispiel beschreibt die 36-jährigen Frau ihr persönliches Ausdrucksprofil sehr einheitlich, ausser beim Bewegungsmuster, wo sie sich phasenweise sowohl lockere als oft auch unruhige, angespannte und überspannte Züge zuschreibt.

Bei vielen Menschen sind die Bewegungsmuster sowie die Körper- und Kleiderbeziehung nicht immer einheitlich, sondern wechselhaft, dennoch aber einem Muster folgend. So kommt es vor, dass Menschen ihr Bewegungsmuster als schwankend zwischen Spannungslosigkeit auf der einen und Verkrampfung auf der anderen Seite erleben. Oder dass ihre Körperbeziehung pendelt zwischen Beachtung und Vernachlässigung. Diese wechselhaften Ausdrucksformen haben ihre Ursache in den wechselhaften, ambivalenten Eigenschaften der Persönlichkeit. So vermag sich zum Beispiel ein unsicheres Selbstvertrauen phasenweise zu äussern in Spannungslosigkeit und Hemmung, oder in einer verkrampften Anspannung. Beide Teile können in ihrer Wechselhaftigkeit das Bewegungsmuster einer Persönlichkeit ausmachen.

7
Illustrierende Gemälde

Bild 1: Lebendiges Bewegungsmuster,
Caravaggio, *Die Berufung des Heiligen Matthäus,* 1601

Bild 2: Unlebendiges Bewegungsmuster,
Georges Seurat, *Ein Sonntagnachmittag auf der Insel La Grande Jatte,*
1884-1886

Bild 3: Gelöstes Bewegungsmuster,
Pierre Maximilien Delafontaine, *Der Schlittschuhläufer*, 1798

Ferdinand Hodler: „Der Holzfäller" (1910), Kunstmuseum Bern

Bild 4: Gespanntes Bewegungsmuster,
Ferdinand Hodler, *Der Holzfäller*, 1910

Bild 5: Überspanntes Bewegungsmuster,
Caravaggio, *Judith und Holofernes,* 1898/99

Bild 6: Unterspanntes Bewegungsmuster.
Giovanni Segantini, *Frühmesse,* 1884

Bild 7: Natürliche Körperbeziehung,
Albert Anker, *Mädchen, die Haare flechtend,* 1887

Bild 8: Darstellende Körperbeziehung,
Georges Seurat, *Junge Frau mit Puderquaste vor dem Spiegel,* 1889/90

Bild 9: Kontrollierte Körperbeziehung,
Auguste Renoir, *Mädchen beim Kämmen,* 1894

Bild 10: Unkontrollierte Körperbeziehung,
Albert Anker, *Der Trinker*, 1868

Bild 11: Funktionale und einheitliche Kleiderbeziehung,
Albert Anker, *Lesendes Mädchen*,1884

Bild 12: Darstellende Kleiderbeziehung,
Auguste Renoir, *Gabrielle mit der Rose*, 1911

Bild 13: Uneinheitliche Kleiderbeziehung,
Gustav Klimt, *Judith II*,1909

Bild 14: Normgeprägte Kleiderbeziehung,
Gustave Caillebotte, *Pariserstrasse im Regenwetter*, 1877

Bild 15: Eigengeprägte Kleiderbeziehung,
Eduard Manet, *Lola de Valence,* 1862

Anhang

Selbsteinschätzung Kurzform

Mein Bewegungsbild

lebendig	
Eindrucksmerkmale	Interpretationshinweise
☐ lebendig	☐ Lebendigkeit des Temperaments
☐ spontan	☐ Emotionale Spontaneität
☐ temperamentvoll	☐ Begeisterungsfähigkeit
☐ rasch	☐ Bewegungs- und Funktionslust
☐ unruhig	☐ Selbstvertrauen
	☐ Emotionale und affektive Unruhe, Impulsivität, Nervosität
	☐ Mangelnde Selbstkontrolle und Selbstbeherrschung

unlebendig	
Eindrucksmerkmale	Interpretationshinweise
☐ wenig lebendig	☐ Verhaltenheit im Temperament
☐ wenig spontan	☐ Ausgeglichene, ruhige Emotionen und Stimmungen
☐ kontrolliert	☐ Geringe Begeisterungsfähigkeit, Unlust, Desinteresse, mangelnde Motivation
☐ ruhig	☐ Geringe Bewegungs- und Funktionslust
☐ langsam	☐ Überkontrollierte Emotionen und Stimmungen
	☐ Unsicherheit im Selbstvertrauen
	☐ Ausgeprägte Sachlichkeit, rationale Kontrolle, Nüchternheit, Kopflastigkeit
	☐ Ausgeprägter Wille, Disziplin
	☐ Ausgeprägte Kontrolle durch ethische und moralische Leitwerte

gelöst	
Eindrucksmerkmale	Interpretationshinweise
☐ gelöst ☐ locker ☐ leicht ☐ schwebend ☐ fliessend	☐ Ausgewogenheit im Zusammenwirken physischer, psychischer und mentaler Energien ☐ Lockere Umsetzung aller psychischen Energien, Unkompliziertheit, Flexibilität ☐ Ausgewogenheit zwischen Antrieb (Emotion, Temperament) und Steuerung (durch das Denken, den Willen, durch Gebote und Normen) ☐ Ausgewogenheit im Verhältnis von Anspannung (Leistung, Einsatz, Engagement) und Entspannung (Erholung, Loslassen) ☐ Gelassenheit, Selbstvertrauen, positive Erwartung an die eigene Selbstwirksamkeit, Belastbarkeit ☐ Zuversicht, Offenheit für Neues und für Veränderung ☐ Entscheidungsbereitschaft- und Fähigkeit

gespannt	
Eindrucksmerkmale	Interpretationshinweise
☐ gespannt ☐ schwungvoll ☐ elastisch ☐ kraftvoll ☐ intensiv	☐ Gespannte Verbindung von Antrieb und Steuerung, das heisst von Temperament, Emotionalität einerseits und Selbstkontrolle durch das Denken, den Willen, die Disziplin und ethisch-moralische Leitwerte anderseits. ☐ Dynamische, kraftvolle Umsetzung aller persönlichen Energien ☐ Gespanntes Verhältnis von intensivem Engagement (Einsatz, Leistung, Konzentration der Kräfte) und Entspannung (Erholung, Loslassen, Regeneration der Kräfte) ☐ Selbstvertrauen, Belastbarkeit

überspannt

Eindrucksmerkmale	Interpretationshinweise
☐ überspannt ☐ angespannt ☐ verspannt ☐ verkrampft ☐ blockiert	☐ Angespannte Verbindung von Antrieb und Steuerung, das heisst von Temperament und Emotionalität einerseits sowie Selbstkontrolle durch das Denken, den Willen, die Disziplin oder ethisch-moralische Leitwerte anderseits ☐ Unsicherheit, Zweifel, Ängste, Misstrauen im Selbstwert, wobei dies kompensiert wird mit Eigenschaften wie: Überzogener Ehrgeiz, Verkrampfung, Geltungs- oder Dominanzstreben, überstarkes Pflichtgefühl, Perfektionismus, überhöhte Eigenerwartungen ☐ Angestrengte, forcierte Betriebsamkeit, Ratlosigkeit, Gehetztheit ☐ Anspannung in Form von Beharrlichkeit, Starrheit, mangelnde Flexibilität, Blockade

unterspannt

Eindrucksmerkmale	Interpretationshinweise
☐ unterspannt ☐ spannungsarm ☐ gehemmt ☐ schlaff ☐ kraftlos	☐ Spannungsarme Verbindung von Antrieb und Steuerung, das heisst von Temperament und Emotionalität einerseits sowie Selbstkontrolle durch das Denken, den Willen, die Disziplin oder ethisch-moralische Leitwerte anderseits ☐ Unsicherheit, Zweifel, Ängste, Misstrauen im Selbstwert, was zu einem Energie-Rückzug führt, zur reduzierten Anstrengung und anderen Eigenschaften wie: Geringe Dynamik, Übervorsicht, Passivität, Ambivalenz im Entscheiden, Scheu vor Verantwortung, reaktives Verhalten, Resignation ☐ Bequemlichkeit oder Verwöhnung ☐ Unsicherheit im Selbstvertrauen ☐ Ausgeprägte Sachlichkeit, rationale Kontrolle, Nüchternheit, Kopflastigkeit ☐ Ausgeprägter Wille, Disziplin

Meine Körperbeziehung

natürlich	
Eindrucksmerkmale	Interpretationshinweise
☐ natürlich ☐ ehrlich ☐ echt ☐ authentisch ☐ unverstellt	☐ Natürlichkeit, Echtheit, Authentizität ☐ Selbstsicherheit durch Selbstakzeptanz ☐ Geringe Beachtung und Bewertung des eigenen Körpers

darstellend	
Eindrucksmerkmale	Interpretationshinweise
☐ dargestellt ☐ künstlich ☐ aufgesetzt ☐ unecht ☐ maniert	☐ Ästhetische Wunschbilder bezüglich des Körpers und seiner Erscheinung ☐ Unsicherheiten im Selbstwert, die mit künstlichen Mitteln kompensiert werden sollen, mit dem Ziel, sich mit dem eigenen Körper sicherer zu fühlen, oder nach aussen eine Wirkung zu erzielen, die den Selbstwert zu steigern verspricht

kontrolliert	
Eindrucksmerkmale	Interpretationshinweise
☐ kontrolliert ☐ beachtet ☐ besorgt ☐ geschont ☐ gepflegt	☐ Beachtung und Pflege des Körpers ☐ Erhaltung eines positiven körperlichen Selbstwertgefühls ☐ Ästhetische Wunschbilder bezüglich der eigenen körperlichen Erscheinung

unkontrolliert	
Eindrucksmerkmale	Interpretationshinweise
☐ unkontrolliert ☐ unbeachtet ☐ sorglos ☐ vernachlässigt ☐ ungepflegt	☐ Geringe Beachtung, Vernachlässigung, Sorglosigkeit, Ungepflegtheit ☐ Mangelnder Wille oder geringe Disziplin ☐ Geringe Beachtung oder Vernachlässigung des Körpers aus Unzufriedenheit oder Unsicherheit über das eigene Körperbild ☐ Unkontrolliertes Suchtverhalten

102

Meine Kleiderbeziehung

funktional	
Eindrucksmerkmale	**Interpretationshinweise**
☐ funktional	☐ Nichtbeachtung, Vernachlässigung der Bekleidung
☐ zweckmässig	☐ Geringes Bedürfnis nach Bekleidungsästhetik, nach Stil und Mode
☐ einfach	
☐ praktisch	☐ Unsicherheit bezüglich der Bekleidungsästhetik
☐ unbeachtet	☐ Selbstsicherheit ohne Beachtung der Bekleidung

darstellend	
Eindrucksmerkmale	**Interpretationshinweise**
☐ darstellend	☐ Ästhetisches Empfinden und/oder Bedürfnis nach Bekleidungsästhetik, Freude an Stil und Mode
☐ ästhetisiert	
☐ künstlich	☐ Bedürfnisse nach Selbstdarstellung mittels der Bekleidung, Beachtung der Wirkung auf andere
☐ vorgezeigt	
☐ aufgesetzt	☐ Kompensation innerer Unsicherheiten durch äusseren Schein, durch Maske und Fassade

einheitlich	
Eindrucksmerkmale	Interpretationshinweise
☐ einheitlich ☐ klar im Stil ☐ linientreu ☐ fassbar ☐ eindeutig	☐ Beachtung der ästhetischen Einheitlichkeit, der eige- nen Linie in Stil und Mode ☐ Gespür für Mode und Stil ☐ Einheitlichkeit des Bekleidungsstils als Ausdruck der persönlichen Identität

uneinheitlich	
Eindrucksmerkmale	Interpretationshinweise
☐ uneinheitlich ☐ unklar im Stil ☐ wechselhaft ☐ nicht fassbar ☐ vieldeutig	☐ Nicht-Beachtung der ästhetischen Einheitlichkeit ☐ Unsicherheit in der Bekleidungsästhetik ☐ Mangel an Gespür und Flair für Stil und Mode ☐ Uneinheitlichkeit des Bekleidungsstils als Ausdruck einer uneinheitlichen oder unsicheren persönlichen Identität

normgeprägt

Eindrucksmerkmale	Interpretationshinweise
☐ normgeprägt ☐ angepasst ☐ unpersönlich ☐ konventionell ☐ traditionell	☐ Unsicherheit im persönlichen Bekleidungsstil ☐ Orientierung des Verhaltens an gängiger Norm, Konvention und Tradition ☐ Anpassung an Erwartungen des Umfeldes ☐ Streben nach Unauffälligkeit ☐ Unsicherheit in der persönlichen Identität

eigengeprägt

Eindrucksmerkmale	Interpretationshinweise
☐ eigengeprägt ☐ individuell ☐ persönlich ☐ unkonventionell ☐ kreativ	☐ Bedürfnisse nach einem individuellen Bekleidungsstil ☐ Persönliche Eigenständigkeit ☐ Kreatives Flair für Bekleidung ☐ Bedürfnis nach Aussenwirkung und individueller Selbstdarstellung ☐ Bedürfnis nach Unkonventionalität

Bildnachweise

Alle Internetseiten wurden zuletzt am 13.02.2013 abgerufen.

Bild 1
Michelangelo Merisi da Caravaggio, *Die Berufung des Heiligen Matthäus,*
1600 San Luigi dei Francesi, Cappella Contarelli, Rom, abrufbar unter:
http://upload.wikimedia.org/wikipedia/commons/1/10/Caravaggio_-
_La_vocazione_di_San_Matteo.jpg

Bild 2
Georges Seurat, *Ein Sonntag Nachmittag auf der Insel La Grande Jatte,*
1884-1886, The Art Institute of Chicago, abrufbar unter:
http://upload.wikimedia.org/wikipedia/commons/3/31/Georges_Seurat_031.j
pg

Bild 3
Pierre Maximilien Delafontaine, *Portrait von Bertrand Andrieu,* auch *Der
Schlittschuhläufer, 1798,* Musée de la Monnaie Paris, abrufbar unter
http://upload.wikimedia.org/wikipedia/commons/5/5b/Pierre_Maximilien_Del
afontaine%2C_The_Skater_%28Bertrand_Andrieu%29%2C_1798.jpg?
uselang=de

Bild 4
Ferdinand Hodler, *Der Holzfäller,*1910, Kunsthaus Zürich, abrufbar unter:
http://upload.wikimedia.org/wikipedia/commons/1/1e/Hodler_Holzf%C3%A4
ller.jpg

Bild 5:
Caravaggio, *Judith und Holofernes,* 1898/99, Galleria Nazionale d`Arte An-
tica, Rom
http://upload.wikimedia.org/wikipedia/commons/a/a2/Caravaggio_-
_Giuditta_che_taglia_la_testa_a_Oloferne_%281598-1599%29.jpg

Bild 6
Giovanni Segantini, *Frühmesse,* 1884, Kunstmuseum St. Gallen
http://upload.wikimedia.org/wikipedia/commons/9/93/Segantini_Fr%C3%BC
hmesse.jpg

Bild 7
Albert Anker, *Mädchen, die Haare flechtend,* 1887, Privatbesitz
http://upload.wikimedia.org/wikipedia/commons/5/53/M%C3%A4dchen_die
_Haare_flechtend_1887.jpg

Bild 8
Georges Seurat, *Junge Frau mit Puderquaste vor dem Spiegel,* 1889/90,
Courtauld Institute of Art, London
http://upload.wikimedia.org/wikipedia/commons/9/97/Georges_Seurat_021
.jpg

Bild 9
Pierre August Renoir, *Mädchen beim Kämmen,* 1894, Metropolitan Museum of Art, New York
http://upload.wikimedia.org/wikipedia/commons/3/3f/Pierre-
Auguste_Renoir_072.jpg

Bild 10
Albert Anker, *der Trinker,* 1868, Kunstmuseum Bern
http://upload.wikimedia.org/wikipedia/commons/7/7d/Anker_Der_Trinker_18
68.jpg

Bild 11
Albert Anker, *Eine Gotthelf- Leserin,* 1884, Privatbesitz
http://upload.wikimedia.org/wikipedia/commons/f/f2/Albert_Anker_-
_Eine_Gotthelf-Leserin.jpg

Bild 12
Pierre August Renoir, *Gabrielle mit der Rose,* 1911, Musee d`Orsay, Paris
http://uploads0.wikipaintings.org/images/pierre-auguste-renoir/gabrielle-
with-a-rose-1911.jpg

Bild 13
Gustav Klimt, *Judith II*, 1909, "Cà Pesaro Galleria Internazionale d'Arte Moderna", Musei Civici Veneziani in Venedig.
https://upload.wikimedia.org/wikipedia/commons/c/c7/Klimt-Salome.jpg

Bild 14
Gustave Caillebotte, *Pariserstrasse im Regenwetter,* 1877, Art Institute of Chicago
https://upload.wikimedia.org/wikipedia/commons/d/d4/Gustave_Caillebotte_-_Jour_de_pluie_%C3%A0_Paris.jpg

Bild 15
Eduard Manet, *Lola de Valence,* 1862, Musée d'Orsay, Paris
http://upload.wikimedia.org/wikipedia/commons/5/57/Edouard_Manet_044.jpg

Literaturverzeichnis

Adler Alfred (2009, 37. Auflage), *Menschenkenntnis*, Frankfurt am Main, Fischer Taschenbuchverlag, Seiten 221, 158, 160, 49

Bandura Albert (1997). *Self-efficacy: The exercise of control*, New York, Freeman

Csikszentmihályi Mihály: (2010), *Flow. Das Geheimnis des Glücks*, Stuttgart, Klett-Cotta, 15.Auflage

Entrup Boris (2008), *Schön,* München, riva verlag, Seiten 15, 129

Erikson Erik H., *Identität und Lebenszyklus, Drei Aufsätze,* 1973, Frankfurt a. M., 2.Auflage.

Knobloch Hans (1987) *Graphologie,* München, Verlag für Angewandte Wissenschaften, Seite 88.

Goleman Daniel, (2011), *EQ Emotionale Intelligenz,* München, Deutscher Taschenbuchverlag, Seite 271

Grüber Isa (2006), *Kinesiologie,* München, südwest, Seite 4

Hagen Rose-Marie und Hagen Rainer (2005), *Meisterwerke im Detail,* Band II, Taschen, Seite 680

Hüther Gerald (2010), in *Embodiment, Die Wechselbeziehung von Körper und Psyche verstehen und nutzen,* Bern, Hans Huber, Seiten 77, 91, 93

Mertens Wilhelm, Oberlack Helmut (2010) *Qigong,* Seite 10

Palm Stephanie, Scholz Ursula (2010), *Typberatung, die anzieht,* Anaconda Verlag, Wien, Seiten 10, 54

Petzold Theodor Dierk (2010), *Praxisbuch Salutogenese,* München, südwest, Seite 7

Roth Gerhard (2011), *Bildung braucht Persönlichkeit,* Klett-Cotta, Stuttgart, Seite 59

Roth Wolfgang (2009), *C. G. Jung verstehen,* Düsseldorf, Patmos, Seiten 69, 75

Schüch-Schamburek Irmie (2010), *dresscode woman,* braumüller, Wien, Seite 95

Schultz Johannes Heinrich, *Autogenes Training,* (2010), TRIAS, Stuttgart, 25. Auflage

Schwarzer Ralf und Jerusalem Matthias (2002), *Das Konzept der Selbstwirksamkeit,* in Zeitschrift für Pädagogik, 44. Beiheft, Mai 2002, *Selbstwirksamkeit und Motivationsprozesse in Bildungsinstitutionen,* Beltz Verlag, Seiten 39 und 48

Tschacher Wolfgang (2010), in *Embodiment, Die Wechselbeziehung von Körper und Psyche verstehen und nutzen,* Bern, Verlag Hans Huber, Seiten 27, 14

Storch Maja, Cantieni Benita, Hüther Gerald, Tschacher Wolfgang, (2010), *Embodiment, Die Wechselbeziehung von Körper und Psyche verstehen und nutzen,* Bern, Hans Huber, Seiten 7-8, 14-16, 77, 93

Storch Maja, Kuhl Julius (2012), *Die Kraft aus dem Selbst,* Verlag Hans Huber, Bern, Seite 51

Van Rooijen Jeroen (2011), *Hat das Stil?* Verlag Neue Zürcher Zeitung, Seite 12

Weiss Hans und Lackinger Ingeborg (2011): *Schönheit, Die Methoden der Schönheitsindustrie,* Wien, Deuticke, Seite 18

Wetzel Jörg (2010), *Gold, Mental stark zur Bestleistung,* Zürich, orell füssli, Seiten 35, 49

Über den Autor

Markus Furrer, 1949, Studium der Psychologie an der Universität Fribourg, Schweiz.
Der Autor lebt und arbeitet in Adliswil, am Stadtrand von Zürich. Er führt als Psychologe seit 1988 eine eigene Praxis und ist vor allem tätig in den Themen Führungsassessments, Schulung und Coaching von Führungskräften, Laufbahnberatung und Schriftpsychologie.

Markus Furrer, lic. phil.
Kaderassessment + Schulung AG
Zürichstrasse 34
CH- 8134 Adliswil

www.markus-furrer.ch / mfu@markus-furrer.ch

Centaurus Buchtipp

Dagmar Filter, Jana Reich (Hrsg.)

»Bei mir bist du schön...«

Kritische Reflexionen über Konzepte von Schönheit und Körperlichkeit

Feministisches Forum – Hamburger Texte
zur Frauenforschung, Bd. 4
2012, 290 S., br.,
ISBN 978-3-86226-143-7, **€ 24,80**

Der thematische Fokus dieses Sammelbandes liegt auf den scheinbaren Abweichungen von der Norm, der diskursiven Vermittlung »schöner« Körper durch Bild und Text sowie auf den Methoden der Körperinszenierung und -optimierung. Neue Aspekte hinsichtlich dominanter heteronormativer Körpernormen und alltägliche Schönheitspraktiken werden in den Artikeln und in künstlerischen Auseinandersetzungen beleuchtet.

Gesellschaftliche Normansprüche reichen in ihrer Wirkungsmacht weit hinein in die private Sphäre. »Schönheit« ist im gesellschaftlichen Diskurs ein fest verankertes Motiv, das über privaten als auch beruflichen Erfolg mitentscheiden kann. Dick, dünn, behaart, unbehaart, jung, alt, männlich, weiblich oder irgendwie dazwischen: Das Äußere wird normiert, reguliert und manipuliert.

Während die Privatheitsideologie das Motto »Mein Körper gehört mir« ins Negative verkehrt und damit freiwillige chirurgische Eingriffe zur eigenen äußerlichen Optimierung rechtfertigt, werden in vielen Fällen intergeschlechtliche Menschen zu einer körpernormalisierenden Operation gezwungen.

Dieser Band will für die Widersprüchlichkeit neoliberaler Anrufungen sensibilisieren und Reflexionsprozesse anregen, um widerständige feministische Positionen zu schaffen.

Centaurus Buchtipps

Siegfried Fritzsche
Kein Zug nach Nirgendwo
Ist unstillbares Verlangen überwindbar?
Reihe Psychologie, Bd. 37, 8. überarb. Aufl. 2013, 244 S.,
ISBN 978-3-82550-606-1, **€ 15,90**

„Für Laien, die sich einen ersten Einblick in die Grundmuster und Symptome einer „Suchtkrankheit" sowie in Ideen, Konzepte und Hilfesysteme zu deren Behandlung erarbeiten wollen, bietet dieses Buch interessante Informationen an und kann damit zu einem Einstieg in einen Auseinandersetzungsprozess mit diesem Thema werden."
Gundula Barsch. Rezension vom 23.12.2010, in: socialnet Rezensionen, ISSN 2190-9245.

Ludger Kowal-Summek
»Tomo spricht nicht mit mir«
Eine Untersuchung hinsichtlich der Anwendung ausgewählter Methoden der Leiborientierten Musiktherapie bei Menschen mit Autismus
Reihe Psychologie 43, 2012, 333 S., mit beiliegender DVD
ISBN 978-3-86226-148-2, **€ 28,80**

„…ein angenehm zu lesendes und menschlich berührendes Buch."
Hansjörg Meyer, in: Hörgeschädigten Pädagogik Nr. 5, Oktober 2012, S. 217.

Burkhart Fischer
Wahrnehmungs- und Blickfunktionen bei Lernproblemen
Besser werden im Lesen – Rechnen – Schreiben
Reihe Psychologie, Bd. 41, 2011, 150 S., geb.,
ISBN 978-3-86226-043-0, **€ 24,80**

„Dazu enthält das Buch allgemein und gut verständlich die diagnostischen und therapeutischen Methoden und gibt viele praktische Hinweise zur Verbesserung des Lernerfolgs."
Heiko Pohlmann, in: Die berufsbildende Schule. Zeitschrift des Bundesverbandes der Lehrerinnen und Lehrer an beruflichen Schulen, S. 139.

Hans Reinhard Schmidt
Ich lerne wie ein Zombie
Plädoyer für das Abschaffen von ADHS
Reihe Psychologie, Bd. 40, 2010, 332 S.,
ISBN 978-3-86226-010-2, **€ 16,80**

Winfried Wagner
Living Aikido
Bewegungs- und Lebenskunst
Reihe Pädagogik, Bd. 39, 2008, 180 S.,
ISBN 978-3-8255-0697-1, **€ 18,90**

Sonja Deml
Singles: Einsame Herzen oder egoistische Hedonisten?
Eine kritische und empirische Analyse
Soziologische Studien, Bd. 34, 2010, 313 S.,
ISBN 978-3-8255-0749-7, **€ 24,80**

Informationen und weitere Titel unter **www.centaurus-verlag.de**